博物馆里的非遗故事

林毅红　韩晓乐◎著

化学工业出版社
·北京·

图书在版编目（CIP）数据

博物馆里的非遗故事 / 林毅红，韩晓乐著 .-- 北京 ：化学工业出版社，2025. 10. -- ISBN 978-7-122-49166-4

Ⅰ .G122-49

中国国家版本馆 CIP 数据核字第 2025U55X09 号

责任编辑：郑　芳　　　　装帧设计：王　婧
责任校对：李雨晴

出版发行：化学工业出版社（北京市东城区青年湖南街 13 号　邮政编码 100011）
印　　装：盛大（天津）印刷有限公司
787mm × 1092mm　1/16　印张 10½　字数 100 千字
2026 年 1 月北京第 1 版第 1 次印刷

购书咨询：010-64518888
售后服务：010-64518899
网　　址：http://www.cip.com.cn
凡购买本书，如有缺损质量问题，本社销售中心负责调换。

定价：88.00 元

前言

传统认知中，博物馆是“物”的圣殿。青铜器上的铜绿、丝织品褪去的色彩、古籍卷轴的磨损边缘，构成了我们对历史的全部想象。而非物质文化遗产——那些没有实体形态的口头传统、表演艺术、社会实践、仪式节庆、传统手工艺等，似乎与博物馆的“物性”本质格格不入。但当代博物馆正打破这种二元对立，用创新的方式证明：无形的文化记忆同样可以在物质空间中获得永生。

本书选取了中国部分博物馆的非遗展品，其中以中南民族大学民族学博物馆的藏品为主要展示对象。书中介绍了银饰、骨器、木雕、漆器、铜鼓、陶器、织锦、马尾绣、吊脚楼、蜡染、竹编等十余种“物”，以通俗易懂的方式讲述“物”背后所承载的“非物性”，包括物质承载的历史溯源、工具使用、材料选择、工艺流程、文化内涵等。本书为读者打开一扇了解各民族非物质文化遗产的窗口。非物质文化遗产既是各民族长期经验的积累，凝聚着集体智慧的结晶，也是各民族长期互相学习交融的成果；是中华民族共有的精神家园，也是中华文化共享的符号 。

目录

苗族银项圈
中南民族大学民族学博物馆藏品

第一章 响彻千年的叮当声——苗族银饰锻制技艺

非遗小常识：2006 年 5 月 20 日，苗族银饰锻制技艺经国务院批准列入第一批国家级非物质文化遗产名录，编号为Ⅷ -40。

苗族银饰，精美得让人惊叹，复杂得让人着迷，它是民族艺术中的佼佼者。对于苗族人民来说，银饰不仅仅是装饰品，它更是美和富的象征。每逢重大节日，苗家女银饰满身，光彩熠熠。

制作银饰可不是一件简单的事，它得经过多道工序，就像是一场华丽的变身：先是挑选银料，然后熔化成液体，接着用锤子敲成型，最后打磨得闪闪发亮。整个过程凝聚了一代代银匠的辛勤汗水和聪明才智。每一个图案都承载着他们的历史和文化，不仅是苗族人民的骄傲，也是人类共同的文化遗产。

如果你走进中南民族大学民族学博物馆，就会发现馆内精心展示了数件精美的苗族银饰。那硕大的手镯，就像是缠绕在手腕上的月亮光环；宽大的耳环，仿佛是挂在耳边的风铃；繁复的头饰，宛如头顶的星辰；还有那些精美的项链，像是流淌在颈间的河流；而那一整套华丽银衣，更是让人叹为观止。它们不仅仅是衣物饰品，更是一件件艺术品，每一片银片都精细锻制，拼接成一幅幅动人的图案。

苗族银饰，讲究的是以“大、多、重”为美，其手工技艺蕴含着苗族集体智慧和创造力，在历史的长河中，历经风雨，依然闪耀。接下来，就让我们一起来探索苗族银饰锻造技艺的奥秘吧。

银子，货币的华丽变身

苗族银饰的主要材料是白银，我们知道，苗族地区是没有银矿的，那么苗族银料从哪里来呢？我国使用银饰品最早可以追溯到战国时期。汉朝时期，苗族与汉族就有以银料作为交换货币的记载，但这表明“银”在早期只是作为货币流通的，真正将银作为原材料锻制饰品，应该始于明朝。到了清朝，苗银“火”了起来，这是为什么呢？原来，清政府颁布了“用银为本”的法令，无论交税还是购物都是用银子。清中期“改土归流”后，大量汉人进入苗族地区，西南地区丰富的木材贸易成为苗族与汉族经济交往的重要纽带，苗族民众凭借丰富的木材资源，与汉族进行交换，换取了制作银饰的关键材料——银子。这样的经济互动，不仅充实了苗族

苗族银饰的原材料白银

的银库，更为银饰的发展奠定了物质基础。同时，在文化的交流与融合中，苗银制作工艺和造型悄然受到中原的影响，呈现出诸多相似之处。此外，大量海外白银像潮水一样涌入我国，我国的白银总量十分丰富，银价自然也便宜了，这对苗族银饰的流行非常有利。苗族人民可以用自己生产的物品与汉族交易，换取更多的白银，银子多了，银饰也就做得越来越多，越来越流行。清政府允许私人在朝廷同意后铸造银子，因此各地的白银货币纯度都不一样，苗族银饰的纯度也以当地用的银币为准。例如，民国时期，黔东南雷山以北用大洋，纯度较高，以南用贰毫，纯度较低，而用贰毫做的银饰就没有大洋的成色好。

中华人民共和国成立以后，为了尊重苗族人民的风俗习惯，向苗族地区发放低价专用白银，那时候的白银银料为 925 银。改革开放后，苗族地区追求至真至纯的银饰，用的银料纯度都在 98% ~ 99%。近年来市面上卖的银器，都是标准的 99 银或 999 银，纯度达到了极致。银子越纯，质地越软，小件的适合用来弯折、镶嵌、焊接，大件的适合用来做手镯、项圈等。相反，银子纯度越低，并和其他金属混合熔化为合金，质地就越坚硬，适合做不容易变形的银饰。比如做个银铃铛，银匠就会使用纯度低的银料，这样铃铛硬一点，挂在女孩衣服上，走起路来叮当响。

银匠的工具大揭秘

想要成为一个出色的银匠，手里得有一套像样的工具，这就好比大厨不能没有炒锅，画家不能没有画笔。银饰锻造这门手艺，可不是一朝一夕就能学会的，它需要长时间地学习和实践，就像修炼武功一样，都得从基本功开始。所有的工匠都是在师傅的指导下，一点点学习，一点点实践，最终成为一名优秀的银匠。而学习的第一课，就是要熟悉这些工具，把它们用得像自己的手臂一样灵活。

银饰制作的錾刻工具

传统的银饰制作工具多种多样，每一样都有它的大用途。银匠手里常用的工具有：小榔头、松香板、铜刷、铁锤、拉丝板、錾子、坩埚、风箱、刻刀、剪刀等。这些工具按功能分，大致可以分为以下几类。

承重固定工具

比如木桩，一般是银匠自己上山砍或者是师傅传下来的，选的是不易变形的松木，圆柱形，大概半米高，三十厘米宽，打银的时候，用来支撑银饰；松香板，在錾刻的时候用来固定加热后的银饰，松香原本是无色或者淡黄色的，加热后会变软，凝固后硬实，不容易变形。

敲打工具

这些工具根据需要，材质也不同。比如铁榔头，坚硬，适合用来打大件银器；木槌，比铁榔头轻，适合用来敲小银饰；牛角锤，铁锤头、木把手，用起来轻巧，形状像牛角。

裁剪錾刻工具

银片上的花纹打好后，就用裁剪工具按图样剪下来，剪掉多余的部分。这些工具小而精致，大小不一，形状多样，有圆形的、菱形的、三角形的、长方形的。种类非常丰富，有剪刀、刻刀、錾刀等三四十种。为了方便拿取，一般会放在像笔筒一样的木筒里。

熔银焊接工具

小银花、小银泡、小蝴蝶这样小件的银饰打好剪好后，就得把它们焊在一起，做成大件的银帽、压领等。焊接时要用到坩埚、风箱、油灯等工具，和打铁、炼铜差不多。焊银全靠银匠手工操作，容易高温烫伤，所以银匠过节时往往会杀鸡备酒来祭这些工具，把鸡血洒在工具上，祈求银匠不要受伤。

延展洗涤工具

延展工具比如拉丝板，是用来拉出不同粗细的银丝，板上凿了 30 多个大小不一的孔，每个都标了规格。拉丝时，将银丝先穿过大孔，再穿小孔，直到拉出想要的粗细。银饰的洗涤常用到明矾或草酸水。草酸能去掉银饰上的杂质，让银饰闪闪发亮；银饰被火烤过之后，表面会出现一层二氧化碳黏液，所以要放进明矾水里清洗。

见证银块变瑰宝的神奇之旅

在一个古朴的苗族家庭作坊里，一个个手艺精湛的工匠们，正用他们灵巧的双手，一点一点地打造出一件件精美银饰。这些银饰，就像有生命的艺术品，每一件都有着自己独特的灵魂和表情，它们诉说着苗族的故事和情感。银饰制作是一门技术活，每个工匠都得经过无数次的练习和挑战，才能达到炉火纯青的境界。

苗族银饰风格可以说是百花齐放。就像是不同的门派，每个门派都有自己的独门绝活。虽然他们的银饰款式各异，风格独特，但制作的基本流程和工具却大同小异。这就像是，无论哪个门派的高手，他们的功法和武器都有着一定的相通之处。

打造银饰，就像是烹饪一道大餐，需要掌握一定的技巧。简单来说，银饰的诞生要经历几个关键步骤：先把银块加热到熔化，然后敲打成型，接着制作模具，在上面刻画图案，把银条拉成细细的银丝，编织成各种形状，最后把各个部分焊接起来，擦洗干净。这个过程不是像一条直线似的简单直接的操作，而是像跳舞一样，各种步骤来回穿插，特别是在制作那些复杂的花丝饰品时，焊接、錾刻和清洗得反复来好几次。这些步骤，是银饰锻造的框架。

苗族银手镯

1. 熔银

首先，银块得在高温下熔化，这是打银饰的第一步。把银块倒进坩埚里，放在炭火上，点火，用风箱鼓风，让银块迅速熔化。

熔银

锻打银条

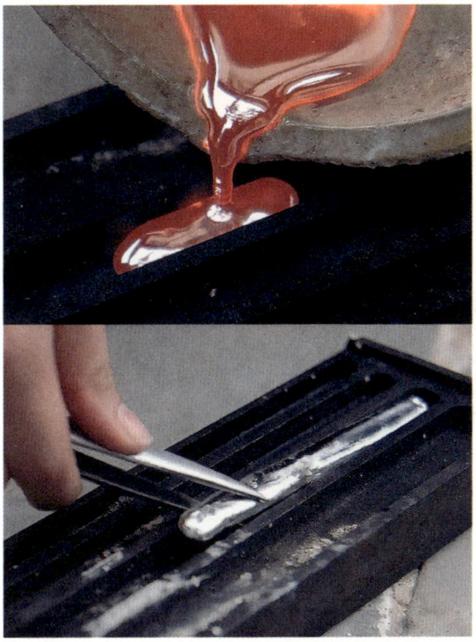

2. 铸型锻打

熔化后的银液倒入模具里铸型，冷却后，银匠就开始敲打，把银块变成银片或银条。这一步是考验一个银匠本事高低的关键：首先，得看准银块冷却时间，快了打出来的银饰太软，慢了银块太硬打不动；其次，捶打的力度和角度也得恰到好处，力度太轻打不成型，太重又可能会打废。

制模

3. 制模

这一步是制作银饰的“模板”。银匠用锤子和錾子在铜片上雕刻出各种图案，有的复杂精美，有的简单粗放。这些模板可是银匠家的传家宝，有的银匠家里甚至有两百多片。

4. 錾刻

在银片上刻出各种图案，就像是在银片上画画，银片是“画板”，錾子则是“画笔”，平錾、阳錾、阴錾、镂空，“画画”的手法非常丰富。银匠得有一双巧手，才能让图案栩栩如生。

没有模具之前，银匠们錾刻全凭经验和手法。模具出现之后，银片錾刻变得简单又方便。他们会把压模后的银片固定在松香板上，或者用模具辅助，然后挑选合适的錾子，一点点地在银片上刻画细节，让纹样的线条更加鲜明、立体。

錾刻

5. 拉丝编结

用拉丝板，把银条一次一次地穿进板上的孔洞，最后就可以得到粗细不同的银丝。然后把银丝编织成各种立体的图案。慢工出细活，拉丝需要有极大的耐心和技巧。

拉丝

6. 焊接

把不同的银饰部件焊在一起，组成完整的饰品。这得掌握好火候，火候不对，银饰可能焊不牢。

7. 洗涤抛光

最后一步，银饰得经过特殊的溶液洗涤，去除表面的污渍，恢复光泽，再抛光，让表面更加光滑明亮。苗族地区银饰洗涤用的药剂是明矾或草酸水。

洗涤抛光

首先，银匠们会用火给银饰来个“高温桑拿”，让那些附着在银饰上的非金属杂质在高温下消失。如果还有杂质难以清理，再把银饰泡进明矾或草酸水里，这些酸性溶液会和银饰表面的杂质进行化学反应，最终把那些杂质统统去掉。就这样，银饰在明矾水或草酸水里反复浸泡，每一次都是在进行一次深层清洁，直到银饰恢复闪亮如新的面貌。

不同地区的银饰锻造工艺在细节上有所不同，他们根据自己的需求制作各式各样的银饰。银饰上的图案虽说也有些类似的、固定的题材，但银匠制作从无范本，完全都是银匠胸有成竹、手随心动的浑然天成。无论是圆雕、线刻，还是浮雕、镂雕……手工极其复杂，制作不厌精细，工艺千变万化，让人不由得拍案称奇。

银手镯

银饰不发黑的秘密

银的化学性质相对稳定，但在空气中仍易与硫等物质发生反应，从而导致氧化变黑。苗族银饰却能在岁月中长久保持光泽，这得益于其独特的制作工艺与保养方法。在熔银环节，银匠巧妙地加入少量其他金属，制成特殊合金。这些合金元素如同守护银饰的卫士，改变了银的晶体结构，在银饰表面形成一层致密的保护膜，有效抵御氧气和硫的侵蚀，极大地减缓了氧化速度。

此外，苗族传承着古老的银饰保养智慧，银匠们用天然的植物汁液或草药轻轻擦拭银饰。这些源自大自然的神奇物质，蕴含着能够与银表面氧化物发生化学反应的成分，悄然去除氧化物，使银饰始终光亮如新。

银衣局部

银匠打银的足迹

走寨打银

改革开放前，有些地区的苗寨，虽然地处偏远，但从事打银的手艺人很多。如果银匠们只是在家里等生意，那收入有限，为了生计，他们得出门找活干。这些银匠走出自己的村寨，到别的村子，一边打银一边卖银饰。农忙时节，他们就一边干农活，一边抽时间在家接接周边寨子的订单，冬天农闲了，就出门走寨子。要是在外边寨子接的活多干不完，就带回家慢慢做，来年再去交货。有的银匠出门一次，一走就是一两年。

因为对外地的银饰样式不熟悉，这些走村串寨的银匠大多走的是前辈或师傅走过的老路线。他们跟着前人的脚步，去那些熟悉的地方，和当地人搞好关系，了解他们的喜好，为以后的生意打下感情基础。过去交通不便，银匠们得挑着担子徒步走寨，风餐露宿，居无定所。出门打银的时候，银匠得带上自己的工具、衣服和日用品，这些行李加起来有三四十斤重，随时挑在肩上，只有碰到生意了才停下来。即使条件艰难，但为了生计，他们的足迹遍布了黔东南，甚至远到湘西、桂北，为苗族、侗族、布依族、水族、壮族等各民族群众打造银饰。

改革开放后，经济好转，大家都分到了土地，忙农活，银匠们只在农闲时才会打打银饰拿去卖，也就是这时候，“走村串寨”的银匠就慢慢消失了。

银匠打银

坐家打银

和走寨打银的银匠不同，有些银匠因为家庭或身体原因出不了门，只能在家打银。这些银匠通常和当地村民关系不错，在家接待上门的顾客，大家拿着自己的银子，让银匠按自己想要的样式打造。因为顾客和样式都比较固定，他们被称为“内部银匠”。相比走寨银匠，坐家银匠的锻制风格通常比较固定，具有典型的地方特色。

坐家银匠的银饰销售有明显的淡旺季，旺季一般在苗年、鼓藏节等民族节日前，大家都要准备节日服装，打造银饰，这个时候的银匠接到的订单多到数不过来。淡季时，这些银匠就干农活或其他生产活动。坐家银匠处于熟人社会中，对银匠的技术和人品要求很高。技术再好，人品不行，周围村寨的人也不会上门。

银饰锻制是一场银与火的舞蹈，是一种土生土长的生产者的艺术，是那些土生土长的手艺人的魔法。每一件闪闪发光的银饰，都是材料、创意和手艺的完美结合。它们在光与影的交织中，展现出独特的美感和质感。

不同地区的银饰锻制在原料 、工具、制作流程和技法上的相似之处，不仅是技术上的共通，更是文化认同的体现。银饰，不只是穿戴在身上的美丽装饰，它还承载着民族的记忆，反映了民族的智慧和审美观。它们见证了历史的变迁，传递着传统技艺的精髓。每一件银饰作品，都是匠人们用心血和汗水浇灌出的艺术之花，讲述着过去的故事，传递着古老的手艺。

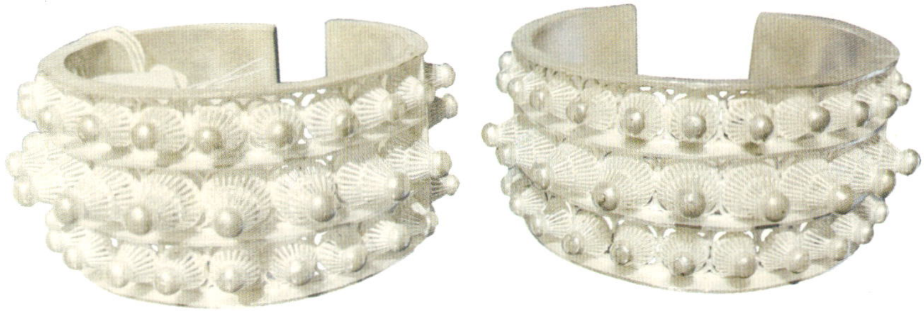

科普小知识

20 世纪 80 年代后，新材料和新设备的进入，让苗族银饰打造技艺出现了机械化现象。

首先是熔炼技术。石英碗和石英坩埚代替了传统的陶泥“银窝”，手摇式鼓风机、电动鼓风机取代了木制风箱。进入 21 世纪之后，银匠们开始用电熔金炉和石英坩埚熔银，有的用液化气喷枪熔银。只有在特殊情况下，银匠才会用传统方法熔银，“银窝融银”这项传统工序在逐渐消失。

拉丝和压片工序也变了。钨钢拉丝板代替了传统拉丝板，压花机器的出现也逐渐代替了原本的压花工艺。过去压花工艺十分考验银匠的雕刻技艺，需要长时间练习，但压花机的出现让那些原本的“门外汉”也能制造出好看的花样银饰。压花机的出现甚至对压模和錾刻都产生了影响，在机械越来越方便，制作出来的银饰越来越精美之后，錾刻也逐渐被省去。

银饰材料也变了。传统的苗族银饰以白银为主，因为白银洁白，白色在一些苗族内部是神圣的颜色；而且苗语里“财富”读作“niuliang”，意为“白银和粮食”，所以白银是财富的象征。

现代银饰市场却很少能看到银子制成的饰品，就连有的银匠家用的材料也不是传统白银，而是锌白铜镀银合金，俗称“德银”。

视频二维码
中华文化瑰宝
——苗族银饰锻制技艺

第二章
戴在头上的骨雕
——海南黎族骨器制作技艺

非遗小常识：黎族骨器制作技艺于 2005 年 9 月入选海南省第一批非物质文化遗产代表作保护名录；2021 年 6 月，白沙黎族骨器制作技艺入选第五批国家级非物质文化遗产代表性项目名录，编号为Ⅷ –262。

造型古朴、式样简洁，却又充满了神秘的气息，这就是被岁月打磨了数千年的黎族骨器。黎族骨器是人类继木器、石器之后又一重要发明，是海南岛先民智慧的见证，也是史前文明的延续，体现中华文明的连续性。

骨雕又称骨刻，是我国非常久远的一项手工艺技术，在夏朝以前就已经出现。在旧石器时代，人类已经用骨头来制作器物。因为骨骼易于获得而且质地坚硬，制成器物之后也比较耐用，所以在很长的历史阶段里，骨器都是重要的生产工具和生活用具。见证了人类发展的初始阶段。到了新石器时代，骨器的存在已经较为普遍，种类包括骨锥、针、匕、匙、鱼钩、串饰等，填补了石器、木器类的不足和缺陷。黎族骨器制作技艺指的是以动物骨骼为原材料加工成各种生产、生活用品的传统技艺，以牛骨、鹿骨等为原料，雕刻和磨制成如骨簪、骨梳、骨叉、牛角号、火药桶等骨质器物。

新石器时代的骨针、骨管针
宁波博物馆藏品

骨头来自哪里呢？人们多用海洋生物、大型牲畜或其他野生动物骨骼做原料，通过磨、锉、雕、刻的方式，制成骨铲、骨刀、骨匕、骨簪和骨梳等各种生产、生活用具，并把各种花纹、动物纹图案刻在上面，让一个普通的骨头，变成精巧美观的艺术品。

骨雕以独特的造型，将黎族的传统文化展现得淋漓尽致，每一处细节都饱含着对生活的热爱。在黎族骨簪代表性作品中，人形骨簪因外形有侧身人头像而得名，从外观形状分为单人骨簪与双人骨簪，其结构分三段。上段为人头顶上佩戴的高帽或高盘的发结，边沿打几个小孔，系上珠串、铃铛和流苏，长度约占骨簪的 1/4，上雕花草、线纹和几何纹。中段为侧脸人像，有单人头像和双人头像之分。双人头像是脖子以上分开，两个侧面人头像，两顶高帽。人像突出脸部特征，浓眉厉眼，鼻如鹰钩，须似卷浪，气宇非凡。身体部分相对较小，比例与头像相当，身着盔甲，腰佩宝剑，背上背着装饰华丽的弓弩。下段约占簪长的一半，依曲线变化而分成不同的格。每格所雕的纹样各有不同，有动物纹、水波纹、几何纹、圈点纹和十字纹等。骨簪造型别致，雕刻精细，纹饰精美，内涵丰富。线雕与透雕工艺交叉运用，互为补充，艺术风格独特。骨雕选材上乘，骨质温润细腻。雕刻师巧妙地保留了部分骨质的天然纹理，为作品添了几分质朴的美感。

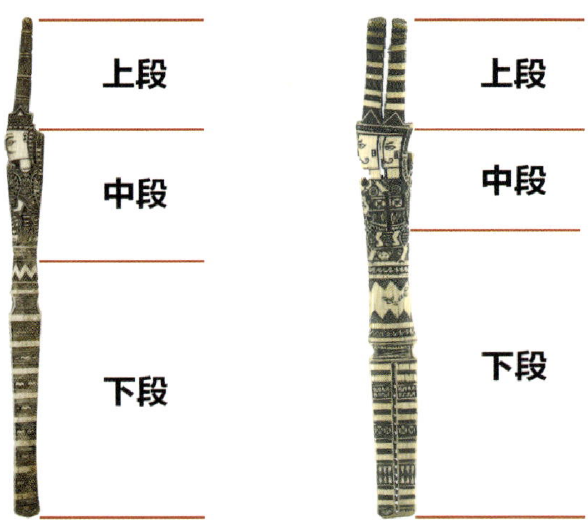

黎族骨簪结构示意图

黎族骨雕发簪　中南民族大学民族学博物馆藏品

骨雕的溯源

骨雕的历史源远流长，起源于原始社会时期。旧石器时代，北京周口店龙骨山山顶洞遗址发现了距今约 10 万年的钻孔鱼骨骨坠。这不仅是骨雕艺术的起源之一，也表明原始人类已具备审美意识并掌握了钻孔和磨光技术。山顶洞人等原始部落可能会通过交换、迁徙等方式与周边部落交流骨雕制品或技术，使骨雕制作的观念和基本技法得以传播。新石器时代，陕西西乡县何家湾出土了有 6000 多年历史的骨雕人头像。不同地域的原始民族都开始利用动物骨骼制作工具和装饰品，如山东宁阳大汶口遗址出土镂雕骨筒、骨梳，浙江余姚河姆渡遗址发现雕刻精美的骨匕。各部落虽相对独立发展，但随着活动范围的扩大，在生产生活资料的交换中，骨雕制品的样式、工艺可能相互影响。

新石器时代　贾湖骨笛
河南博物院藏品

进入古代文明时期，族群交流促进骨雕发展。中原与周边族群：商代有专业骨雕工场，河南安阳等商代遗址出土了骨雕的梳、匕、笄等。秦汉时期，匈奴等北方游牧民族与中原交流频繁，中原先进的雕刻工艺可能对游牧民族骨雕产生影响，同时游牧民族骨雕的风格和动物造型等元素也传入中原。

骨笄　田螺山遗址出土　河姆渡遗址博物馆藏品

战国凸弦纹骨针管
宁夏回族自治区博物馆

明清时期，骨雕技艺随着民族融合的加深而更加成熟，达到顶峰。宫廷和贵族对骨雕的喜爱推动其发展，不同民族的工匠汇聚京城等繁华之地，相互学习交流，汉、满、蒙等民族的文化元素在骨雕作品中相互融合，比如骨雕作品的题材既有汉族的吉祥图案，也有蒙古族的动物造型等。

与此同时，民间骨雕在各地发展，浙江宁波、福建仙游、广东佛山等地的骨雕各具特色。各民族在经济往来、文化交流中，使骨雕工艺和文化不断传播与融合，如沿海地区与内陆民族之间通过贸易等方式，让骨雕作品和技艺得到更广泛的交流与传播。

在历史文献中对黎族使用骨器和髻发习俗有明确记载。汉代《汉书·地理志》记载：“民皆服布如单被，穿中央为贯头……兵则矛、盾、刀、木弓弩、竹矢，或骨为镞……”宋·乐史《太平寰宇记·岭南道》对“琼州黎人”的记载：“男则髽首插梳……”宋·周去非《岭外代答·外国·海外黎蛮》载：“黎装，椎髻徒跣，裸袒而腰缭吉贝。首珥银钗，或铜或锡。”直至清初，黎族骨簪才有文献记载。清·屈大均《广东新语》卷七载“黎人”云：“当额作髻，髻有金银钯或牛骨簪。其纵插者生黎也，横插者熟黎，以此为别。”这些历史文献以片段式的文字记载了黎族有椎髻插梳的习俗，尽管内容不多，表述简单，却是了解和认识黎族骨簪的重要历史资料。

骨雕的制作工具

骨雕制作工具主要有雕刻工具、打磨工具和辅助工具三大类。

雕刻工具

有雕刻刀、凿子、钻头等。雕刻刀多由硬度较高的金属（如青铜、铁等）或坚硬的动物骨骼、玉石制成，刀刃锋利且形状多样，用于精细地切割、雕刻和修整骨头，是骨雕制作中最基本且关键的工具之一。工匠凭借它雕琢出作品的细节和轮廓。凿子一般以金属材质为主，头部尖锐，柄部较为粗壮，方便握持。通过与锤子配合使用，对骨头进行较大面积的凿刻，使其形成所需的大致形状和较深的纹理。钻头早期可能是用坚硬的石质或竹质材料制成，后来逐渐发展为金属材质。形状通常为细长的杆状，头部尖锐。在骨头上钻孔时，通过手动旋转的方式，以便进行进一步的雕刻、穿绳或组装等操作。

打磨工具

有砂石、兽皮、磨石等。砂石一般选取天然的粗糙砂石，如砂岩等，其表面的颗粒能够对骨头表面进行打磨，去除雕刻后的毛刺和不平整处，使表面初步变得光滑。兽皮多采用质地柔软且坚韧的动物皮，如牛皮、羊皮等。将兽皮包裹在骨雕表面进行反复擦拭和摩擦，起到进一步抛光的作用，使骨头表面更加细腻光亮。同时，兽皮的柔韧性可以适应骨雕的各种形状。磨石通常选用质地细腻的天然石头，如磨刀石。主要用于磨砺雕刻刀等工具的刀刃，使其保持锋利，以便更顺畅地进行雕刻工作。

辅助工具

有锯、钳子、锤子等。锯早期是用坚韧的绳索或植物纤维，配合锋利的石片或贝壳制成的简易锯条，后来发展为金属锯条。用于将较大的骨头锯割成所需的形状和大小，为后续的雕刻做准备。钳子在古代可能是由金属制成的简单夹钳工具，形状或许没有现代那么规整。用于稳固地夹持和固定骨头，防止在雕刻和打磨过程中骨头移动，方便工匠操作。锤子一般由石头、木头或金属制成，锤头部分较为厚重。在骨雕制作中，主要用于敲击凿子，为凿刻提供力量，使凿子能够更好地在骨头上发挥作用，也可用于对一些部件进行敲打和固定。

“刻骨”铭心的艺术

黎族骨器一般长 15 ~ 20 厘米，宽 1.5 ~ 2.5 厘米，厚 0.7 ~ 1 厘米，制作时分洗刷去油脂、截料、修整成型、磨制、钻孔雕刻、装饰着色六道工艺。工匠凭借经验和肉眼观察，挑选质地坚硬、纹理细腻、无裂缝和瑕疵的动物骨骼，使用石刀等简单工具将骨骼切割成大致的形状和尺寸后开始制作。

黎族人民善狩猎，一个偶然的机会，他们发现了兽骨坚硬、耐磨、锋利的特性，于是开始将兽骨做成简单的工具使用。随着时间的推移，动物骨骼在日常生产生活中有着越来越重要的地位。

海南黎族居住地地处热带雨林富集区域，崇山峻岭，日照时间长，阳光充足，具有独特的热带山区气候的条件，适合动植物生长繁衍，也为黎族骨器雕刻制作提供了丰富的原料。原材料主要通过两种途径获得，首先是黎族人民宰杀家畜留下的牛骨、羊骨等，其次是狩猎得到的野猪牙、熊骨、鹿角等。

黎族骨簪制作技艺一般是父传子承，是黎族人民智慧的结晶。完整的制作周期大概需要一年，分为十个工序，其中最主要的雕刻工序大约需要花费十天。

1. 选料

材料一般为牛骨，传统中也有用鹿骨刻制的，现在鹿骨少了，则基本改用牛骨。一般选用7年以上的老牛的骨头，保证骨料的大小和坚固度满足雕刻的需求。

2. 水煮去油脂

用沸水煮1～2小时，让牛骨里面的油脂和残存的腐肉彻底排出来。煮完之后要进行干燥处理，一般以日晒为主，日晒时间以彻底干燥为准。

3. 制形

用刀或其他切割设备将牛骨劈成宽2厘米左右的骨条。如果有些骨料不够直，需要再次泡水一段时间，然后捞出压上重物，使其平直。

4. 修整设计

根据所要雕刻的骨簪类型，先勾画出大体的比例位置，再雕刻出大致外形。

5. 雕刻、钻孔

需要在牛骨上将人形的面部五官、服装配饰、装饰图案等细节雕刻出来，常见雕刻手法有线刻、浅浮雕、高浮雕、圆雕、透雕等。这一工序的难点在于骨料又硬又脆，骨壁薄而中空，容易刻透。这是最耗时、最考验技术的一道工序。

6. 打磨

初步雕刻出来的骨簪会有很多毛刺，使用时会损伤头发，所以制作者通常会用细砂纸将毛刺打磨掉。

7. 染色

雕刻后的骨簪表面有凹凸，颜色一般涂在凹的地方。海南黎族人民生活在热带雨林区域，植物种类丰富，因此黎族骨簪的染色材料通常来源于自然环境。黎族骨簪的染色原料充足，主要有木炭、千千果（黎语）等。制作者将染料在骨簪上反复均匀涂抹直至上色。实际制作过程中，染色和雕刻几乎同时进行。

8. 涂蜂蜡

染料晒干后，选用天然的蜂蜡均匀涂抹在骨簪表面，再用柔软布反复擦拭抛光，使蜡质渗透到骨头里面，能起到保护色彩和润滑的作用。

9. 炙烤

有时会将制作好的骨簪放在炭火上炙烤，主要起固色定型的作用。

10. 装饰

骨簪的配饰一般会选用一束长的红丝线，约有40厘米，可以做盘发之用。鲜艳的红色和骨簪的黑白形成鲜明对比，也是一种审美的需要。

黎族骨簪局部
中南民族大学民族学博物馆藏品

骨簪头像
中南民族大学民族学博物馆藏品

黎族骨簪的文化内涵

自古以来，黎族人民将古老的图案和自我的审美理念雕刻在日常使用的每一件器具上，其雕刻作品不仅仅是艺术创作，更是对民俗、信仰、生活和生产的记录。

相传，骨簪上的头部形象是以黎族润方言区一位峒主为原型创作的。这位峒主是黎族民间传说中的大英雄，曾率领族人击退外敌，成功捍卫了家园。为纪念他，黎族人民将其头像雕刻在骨簪上，以示人们对他的崇拜和纪念之情，还起到护身辟邪的作用。峒主戴着高高的帽子、身披铠甲，英雄形象生动明了。

根据德国人类学家史图博在《海南岛民族志》一书中的描述，润黎骨簪中的人形还有可能是雷公。因为雷公在黎族社会被认为是总管风雨雷电、人的生老病死和世间万物的神。雷神崇拜与原始的农作生产有着密切的关系，对雷神的敬畏隐含了黎族人民对风调雨顺的渴盼。无论是黎族首领还是雷公，其实都反映了黎族浓重的祖先崇拜观念和农业民族的思想意识。小小的骨簪却能直观展现出黎族历史文化、民族信仰、生活方式。除此之外，还会作为定情信物，作为黎族青年女性的陪嫁品。因为骨簪的制作者主要为黎族男子，男子狩猎回来后，将兽骨留下，亲手将其制作成精美的骨簪，送给心爱的女子。所以骨簪也象征着美好的爱情。在历史上，黎族男女都会使用佩戴骨簪，男子结婚前留发结髻于脑后，裹上红色头巾，到结婚时，发髻留于顶，并插一根骨簪或者铜发簪在头上，黎族女性在脑后盘髻，然后插入骨簪，后来骨簪成为女子的专用发饰，她们往往会在各种隆重节日或重大事件中使用骨簪，表现出对重要场合的重视。

科普小知识

过去，黎族地区使用骨制的生产生活用具非常普遍，主要是骨料获取便利，一般有日常狩猎野兽经过加工后所获得的兽骨，如野猪骨、鹿骨和黄猿骨等，还有祭祀行礼后宰杀的水牛和黄牛的腿骨等。黎族男子把狩猎获得的兽骨积攒起来，洗刷干净，去脂风干，需用时便制作不同的骨器，比如牛的腿骨笔直白净适合制作骨簪、骨梳。黎族大部分的骨器是素面不加装饰纹样的，仅海南岛中部山区的润方言、美孚方言、哈方言等黎族，在骨器上进行细致的雕刻，如骨簪、骨项链、骨火药桶等。其中制作最为精美的要属润方言骨簪。

随着时代发展，生活方式的转变，打猎、祭祀等活动的减少，骨料获取较匮乏，对骨簪的需求也在减少，有些骨器已经消失在人们的视野中，制作精美的骨雕也只能在博物馆呈现。除了骨器种类的减少，制骨工具也发生了变化，过去是以石器对骨器进行加工，如今制造骨器的工具已被铁制工具代替，甚至部分环节开始使用机器制作，虽然生产效率大大提高，但骨器制作的材料和工艺仍然保留传统方法。

第三章
方寸木间，藏着千年匠心
——传统木雕工艺

非遗小常识：木雕于 2008 年 6 月 7 日被列入第二批国家级非物质文化遗产名录，编号为 VII-44。部分具有代表性的地方木雕流派也已先后独立申报成功：潮州木雕和东阳木雕于 2006 年双双入选第一批国家级非物质文化遗产名录，编号分别为 VII-40 和 VII-43；剑川木雕则于 2011 年 5 月 23 日入选第三批国家级非物质文化遗产名录，编号为 VII-58。

这些木雕流派各具特色，形成了鲜明的地域风格。潮州木雕以其独特的金漆镂空雕刻技艺闻名遐迩；剑川木雕充分融合了白族文化的艺术特色；而东阳木雕则以素雅大气的白木雕工艺著称于世。这种分类保护的模式，既体现了我国传统木雕艺术的整体性，又尊重了各流派的独特性。

木雕属于我国民间美术品种，一般选用质地细密柔韧、不易变形的树种进行雕刻，如椴木、桦木、楠木、樟木、柏木、银杏、沉香、红木、龙眼等。木雕，作为非物质文化遗产的组成部分，承载着我们祖先的智慧和情感，每一件木雕作品，都是匠人与木材之间无声的对话，是时间与空间的完美融合，是中华文化的重要瑰宝。木雕制作一般经过选材、设计、雕刻、打磨和装饰几个阶段。不同地区和民族受环境和文化等因素的影响，木雕作品呈现出的效果也迥然有异。在少数民族地区，木雕和当地的民俗文化和地域文化紧密相连。黎族独木器雕刻具有原始粗犷风格；毛南族面具木雕具有民间信仰色彩；土家族木雕深受汉文化影响，精细繁复，具有生活气息。各民族在中华民族的发展过程中一次次地交流互鉴，使得木雕作品呈现出百工技艺共通融合的特点。

黎族独木器“大器天成”

黎族先民生活在茂林之中，就地取材，对原木采用整块刳凿的方式制作成各式的木器，故名“独木器”。它们外观浑然天成、古朴无华。整根凿制的独木器，不仅坚固耐用，更凸显其浓郁的民族特色。独木器主要分生活用具和生产工具等。生活用具常见的有独木凳、独木舟、独木臼、独木桶、独木盆、独木鼓、独木棺、独木槽等，生产工具包括独木牛铃、舂米桶等。

海南岛因独特的地理位置和热带雨林气候，林木资源丰富。海南黄花梨、奇楠香、花梨公、荔枝木、龙眼木这些硬质木材，闻名遐迩。黎族人民在日复一日的劳作和摸索中，渐渐掌握了各种木头的妙用，首先挑好木头，硬木和软木各有特点，软木容易剜、刻、削、刮，最后变成各种各样的器具，主要在海南岛中部的山区流行。

黎族木匠开工前，得先琢磨琢磨这独木器要派啥用场，长啥模样，然后挑挑木头，选雕刻的招数。他们特别会根据木头的纹理和颜色，用深浅不一的刀法，把图案雕得栩栩如生。这些图案有动植物，也有几何图形和抽象符号，它们混在一起，像织了一幅幅有层次、立体感十足的画。木匠在雕刻时，特别看重线条的顺滑和整体的协调。他们手里拿着刀、凿子、锉，像变魔术一样，把图案雕得活灵活现，同时又保持了整体的美感。他们还特别会利用木头本身的形状，创作设计，让这些独木器不仅好用，还添了一份独特的艺术气息。除了雕刻技艺，黎族木匠还擅长对独木器进行精细的抛光和打磨，赋予独木器光滑和多彩的外观。如黎族精美的独木针线盒。

黎族独木针线盒
中南民族大学民族学博物馆藏品

独木舟是人类历史上最早的船只，黎族至今还保留着古老的独木舟的制作方法。它的长度一般为 2 ~ 6 米，宽度为 40 ~ 70 厘米，可容纳 1 ~ 4 人，使用小木桨划行。独木舟选用的材料主要是海南岛上随处可见的木棉树或榕树等高大的树木，并经过火烧、挖、削、修这几个步骤。即在一根完整的木头上，把要保留的部分涂上厚厚的湿泥巴，保护起来，然后用炭火慢慢烤那些没涂泥巴的地方，烤到焦焦的，再用石斧之类的工具砍凿，那焦炭层就很容易被挖掉，这样反复操作，独木舟就一点点变成带槽的形状。凿出独木舟的大致模样后，接下来就是把两头削得尖尖的，给舟壁弄出漂亮的弧度，舟底和舱底也要整平，这样独木舟更稳当，性能自然就提升了，才能让航行更顺畅。

生产工具中，独木舂米臼与独木杵的制作工序与大型的独木舟类似。舂米臼是独木器具中常见的一种，内陆常用石舂米臼，而海南黎族则多用独木舂米臼和独木杵。咱们现在来唠唠舂米臼这个大家伙，想象一下，那些聪明的工匠，为了不那么累，他们选的材料都是空心的，并且还会同制作独木舟一样用火来烧木材心的部分，把木头中间烧出个大洞，然后再用凿子把边缘修得整整齐齐的。而木杵这个小玩意，就是用一根直溜溜的木头，像削铅笔一样削出来的。木杵中间削得瘦瘦的，就像个苗条的小腰，方便手抓，两头就稍微胖一些，这样才能让木杵沉甸甸的，用起来更有劲儿。舂米臼分为直腰和束腰两种形状，内部为平底或尖圆底。尺寸为口径 40 ~ 60 厘米、高 40 ~ 80 厘米、壁厚 3 ~ 5 厘米。使用时，将独木杵放入舂米臼，然后将晒干脱粒的稻谷倒入其中，进行舂米脱壳。

黎族独木臼及独木杵
中南民族大学民族学博物馆藏品

黎族独木牛铃
中南民族大学民族学博物馆藏品

独木牛铃由一段长 10 ~ 25 厘米、高 10 ~ 20 厘米、厚 5 ~ 12 厘米的原木制成，挖出长方形凹槽，壁厚 1 ~ 2 厘米。凹槽底部有两个穿绳眼，系有两条小木棒。牛儿走动吃草时，那俩小木棒就摇来晃去，敲打着铃壁发出清脆的响声，那声音很远就能听见，放牧的人找牛就容易多了。

黎族人民的日常生活用具也多由独木制成，如独木凳、独木棺等。黎族的独木凳常有多脚，造型古朴、独特，外形小巧，坚固耐用，是黎族家庭中为数不多的常用家具之一。制作独木凳需选直径 20 ~ 30 厘米、高25 ~ 40厘米的原木，两端各留3 ~ 4 厘米厚作为凳面。技艺与独木舟、独木臼大体相似，将原木中间凿空，保留 6 ~ 12 根 4 厘米 ×4 厘米的方柱或圆柱作为支撑，这些柱子向外微弯，形成弧形，既减轻重量又美观大方。高凳子或者想让凳子看起来更有层次，就给它来个两层设计，即在中间加个台面，这个台面就是用来连接上下层的柱子的。柱子太长容易坏，就加个台面，不仅能把柱子弄短点，让凳子更结实，还能让凳子更好看。黎族的独木凳，

黎族独木凳
中南民族大学民族学博物馆藏品

黎族独木盆
中南民族大学民族学博物馆藏品

其实最早就是从那些圆木墩子变过来的。早期黎族做生活用具还没那么讲究，样式也就那么几种。拙朴的独木凳摆放在原始的茅草屋里，给人以返璞归真之感，使黎寨更有淳朴和率性的风格。独木凳在 20 世纪 60 年代前曾是乐东县黎族妇女出嫁时所带的嫁妆之一。现如今，由于新技术逐渐代替传统的整木剜挖技术，独木器成为历史文化的遗存。

民俗用具承载着黎族人民的精神信仰，又与木雕技艺相伴相生，皮鼓、刀筒、神像、法印、木唢呐、叮咚等都由独木雕凿而成。制作独木鼓，需选用一段长 50 ~ 100 厘米、直径 30 ~ 50 厘米，中间略大、两头略小的大圆木，从横剖面掏空，两端蒙上水牛或黄牛皮，用老竹钉或铁钉钉紧。刀筒是道公法器用具之一，在举行民俗活动时，用来存放木刀及其他法器。这是用原木凿出来的，长约 40 厘米，宽为 10 ~ 15 厘米，筒深 25 ~ 30 厘米。刀筒正面雕有很多精致的图案，整个刀筒的形状、雕刻风格跟那些打仗用的箭筒和打猎用的尖刀筒很像，只是尺寸大小和外面的雕花图案有点区别而已。

傩面具的艺术之美

傩神信仰在我国的黄河流域、长江流域和西南地区比较流行，是我国多民族的共同信仰。傩面具是傩戏里的超级重要的灵魂道具，也叫脸子或者脸壳子。因为傩面具是神灵的化身，所以在选材和雕刻上都有特别的规矩要遵守。

从选材到雕刻，打造神魔的傩面

傩面具的雕刻工艺是一项复杂而精湛的传统技艺，它包含了多个步骤，每个步骤都需要工匠们的精心制作和耐心打磨。做傩面具，首先得挑好料子，一般秋收之后就开始动手了。工匠们得挑那些适合雕刻的软木，大多就地取材，比如毛南族的“恩木”，还有柏杨、酸枣之类的。这些木头轻巧又好雕，戴着舒服，还不易炸裂和变形，虫子也不爱光顾，所以用来雕刻面具再合适不过了。制坯阶段，工匠们根据面具种类和需求，先用斧头将木材劈成适合雕刻的形状和大小，再削平表面，去除多余木屑，确保木料表面平整。如“上云台”固定和墨斗“放线”弹中线等，将材料初步制成坯料，为后续的雕刻工作打下基础。

雕刻是制作傩面具的重中之重，是赋予木材以“神”的形象和寓意的关键步骤，须由工匠纯手工完成。他们以丰富的想象力和精湛的技艺，将心中的神灵或鬼怪形象通过刻刀在木头上呈现出来。雕刻，分两步走，先来个粗雕，再上个细雕。粗雕就是照着原料的轮廓，把人物的大致形状和头上的装饰雕刻出来，让每个部分的尺寸和样子都定下来。细雕则是在粗雕的基础上，进一步精细刻画面具的五官、表情等细节，使其更加生动传神。做傩仪人物雕刻时，根据角色特点，把握住大局，精心打造每一个细节。如去灾辟邪武将面具要注重粗犷豪放；文官面具要注重灵秀，着力于人物内在情感的刻画；而年轻女性则讲究秀气、妖媚、端庄、娴静，刀法要圆润细腻。

中南民族大学民族学博物馆傩面具展示区

善用工具赋予傩面神态

关公面具
中南民族大学民族学博物馆藏品

匠人雕刻傩面具时根据面具不同角色来刻画人物的表情，使用的工具和刀法也不同。如凿子、刮刀、斜刀、圆口刀，这些家伙得根据需要轮流上岗，帮咱们匠人把活儿干得又细又漂亮。各种各样的凿子，有大有小，就像木工界的多面手，专门在木头上凿出各种深度和宽度的凹槽，为雕刻细节做好铺垫；刮刀在雕刻过程中可是个大功臣，它负责把雕刻时产生的木屑扫清，让线条更清晰，还能把面具表面打磨得光滑平整；斜刀是精细描绘，有了它，雕刻出来的效果生动又逼真；圆口刀则是雕刻圆形部分的高手，像眼睛、鼻孔这些地方，它能雕出圆润自然的形状。当然，还有刻刀、锉刀等一些特别的雕刻工具，各有各的绝活儿。这些工具在雕刻傩面具细节、展现其独特的艺术魅力上同样发挥着重要作用。刀法得有感觉，要又快又狠，带棱带角，形状得清晰，偶尔还得夸张。雕完了之后，要好好看看整体效果，哪儿不对劲就细心调整，直到雕刻出完美的样子为止。

完成雕刻后，还需对傩面具进行着色和上漆，这一步骤能够增强面具的视觉效果。在整个制作过程中，所有的工序都需要手工完成，这需要工匠们具备高超的技艺和丰富的经验。同时，傩面具的雕刻工艺也体现了我国传统文化的深厚底蕴和艺术美。

和尚面具
中南民族大学民族学博物馆藏品

镂月裁云，精雕细琢的滴水床

土家族“滴水床”名称有两种说法：一种床的外观类似于屋檐滴水，因此称为“滴水床”。实际是层进式结构，“三滴水”就是三层进的床；另一种解释是指土家婚俗中有哭嫁习俗，取泪水滴答之意。

探秘滴水床——雕花纹样中的民族文化交融共享

在与周边民族的交往中，土家族吸收了汉族的一些文化元素和雕刻技艺。尤其是清代至民国时期的木雕，与汉族几乎相差无几。主要原因是清代雍正年间，清朝政府自上而下实行的“改土归流”政策，也就是朝廷派遣流动的政府官员取代当地世袭的土官（土司），由于流官大力推行移风易俗，汉族工匠和手艺人大量流入土家族地区，带来汉族先进的手工技艺，同时汉族的生活方式和审美情趣也直接影响到土家族，当地的头人或富裕人家学习汉族的生活方式和家具风格，就形成了具有一定地域特色又融合了汉族风格的家具雕刻。

土家族三滴水床　中南民族大学民族学博物馆藏品

土家族滴水床是多种工艺汇集和多民族文化的集中体现。整张床的工艺没有用一颗钉子一滴胶水，全部榫卯结构制作而成，除此之外，还采用了圆雕、浮雕、透雕等多种雕刻工艺巧妙结合，尤其是大量运用浅浮雕工艺，浅浮雕主要用于床板的雕花图案，高低不平的浅浮雕，使主体图案凸起，具有清晰的立体感和层次感，主体纹样也呼之欲出。透雕在床的上方床檐上，也就是镂空，更具透气和空灵的艺术美感，浮雕与透雕结合，结构复杂，工艺精湛。其次，床的整体布局体现一个“满”字，纹样满满当当，与汉族“圆满”相似。再次，雕花纹样大多是“有图必有意”，“取谐音喻吉祥”，如第一层床檐上雕刻有莲花，寓意着莲生贵子，金瓜寓意着瓜瓞绵绵，蝙蝠寓意着福到家了，还有“平平安安、连升三级”等寓意。这些寓意说明，吉祥文化是各民族共享的文化符号。其实，以谐音寓意着吉祥之意不仅体现在雕花图案上，就是制作工艺上也有讲究，按当地习俗，床的尺码都不能用整数，必须加半寸，俗话说“床不离半，屋不离八”，“半”由“伴”谐音而来，“八”由“发”谐音而来，可见土家族文化对汉族文化的借鉴吸收，滴水床除了雕刻有吉祥纹样，更多的是历史传说和故事。当地工匠流传一句俗语“唐三千，宋八百，雕不尽的列国传”，各种历史故事传说，都成为雕花图案的题材。最后，家具髹漆用色和汉族具有共同特点，颜色为红黑相间，一般色彩搭配为黑色的框架，以红色为底色，花纹上以金漆勾勒或填涂主体，显得富丽堂皇。

土家族居住的武陵山区自古以来就是多民族聚居区，各种文化交融于此，土家族滴水床的多工艺多文化汇聚特点，正是多民族交融汇聚的结果。

同时随着各民族间经济交流的频繁，土家族获取了更多种类的优质木材和装饰材料，这为三滴水床的制作提供了更好的物质基础，使其在工艺和品质上都有所提升。

三滴水床不仅是家具，也是民族交往的文化载体。在多民族聚居地区，土家族的三滴水床成为各民族共同欣赏和使用的家具，增进了彼此的情感和文化认同。

精雕细琢——木雕用具及技艺

木雕制作首先要挑质地坚硬又美观的木材，像樟木、楠木这样的树种不仅不容易走形，雕刻起来还特别顺手，自然成为工匠眼中的首选。设计阶段，就是根据场合和需求来画图纸，拿铅笔、尺子、墨线这些常见的工具，一笔一画地画出图案，标出要雕刻的地方。开始雕刻的时候，先粗略地雕出大概形状，就像给木头打个草图，这就是粗雕。接下来就是进行细雕，这是雕刻中的重中之重。得经过一系列复杂的步骤，比如旋活、锼活、凿活、铲活、锉活、磨活等。这样木头被雕刻成各种图案和形状。打磨就是让木雕表面变得平滑，上色是为了让木雕看起来更亮眼，也能保护木头不受伤害。

俗话说："人巧莫如家什妙""三分手艺七分家什"。雕刻木头像打磨一件宝贝，得心应手的雕刻工具少不了。手艺人的工具五花八门，每一样都对木雕的完成度有着举足轻重的影响。常用的工具：斧头，通常在初期能帮匠人快速方便地砍出轮廓；锯子，能裁出想要的形状和大小，不管是直线还是曲线，都能搞定；刨子，用于平整木材表面，常用于去除木材表面的不平整部分或削薄木材；錾刻刀，雕琢细节、打造形状的好手，可以制作出各种各样的形状和大小；最后就是用砂纸和磨石给木雕表面来个精细打磨，让它光滑平整。

工匠们在雕刻上可是行家里手，木雕技法也多种多样，有圆雕、浮雕、透雕、通雕和线刻等，每一种都有其独特的工艺特点和适用场景。

圆雕，又称立雕、六面雕，立体多面雕刻，可

现代木雕制作工具

描金浮雕人物故事
中南民族大学民族学博物馆藏品

透雕
中南民族大学民族学博物馆藏品

描金高浮雕
中南民族大学民族学博物馆藏品

描金浅浮雕
中南民族大学民族学博物馆藏品

多角度观赏。浮雕，是一种凸起的雕刻形式，通过去除背景部分来突出图案，它分为高浮雕和浅浮雕两种，其中浅浮雕具有较低的起位和较大的形体压缩，呈现出强烈的平面感和流畅的线条。透雕，工艺涉及将材料的底板部分镂空，仅保留物体的凸出部分，从而创造出一种材质穿透的视觉效果，具有镂空感，这种技术可以实现单面或双面雕刻，双面雕刻能在正反两面展现同一图案，具有独特的魅力，也就是能在一块材料上雕刻出两面不同的图案，呈现出不同的主题。通雕，是在浮雕、镂刻传统的基础上发展起来的一种技法，画面可以多层次地镂通，重重叠叠，给人以赏心悦目的立体享受。线刻，是用线条来表现图案和形象。

寻觅那身影
——在生活中的方方面面

木雕运用广泛，到处都能看到它的身影，是建筑里的明星、家具装饰的主体、案头摆件的主角。不论民居、戏台还是祠堂、寺庙，都能看到大量造型独特的木雕装饰。承重的梁柱上常用浮雕，梁枋和雀替等非承重构件则常用浮雕、透雕或圆雕，门窗为了采光和通风，多采用透雕技术，图案多为龙鱼、花卉、喜鹊等。走廊和栏杆部分则偏好使用透雕或半透雕，常见的几何图案有如意纹、乱柴劈、万字格等。

土家族洗脸盆架
中南民族大学民族学博物馆藏品

洗脸盆架的工艺、结构、图案均体现我国民间古典家具的典型特征。木雕工艺有圆雕、浮雕和透雕的巧妙结合，盆架上半部采用透雕，雕刻的“双龙戏珠”、“喜鹊闹梅”、“三鱼共头”等图案，反映了我国民间吉祥文化的典型特征。在盆架底部，采用圆雕雕有5根虎腿，踏在凤纹之上，“白虎”是土家族的图腾，巴文化的象征；而“凤”是楚文化的象征，“虎踏凤”图案反映了巴、楚文化和谐共生。整个洗脸盆架是中原文化、巴文化、荆楚文化融汇的杰作。

科普小知识

榫卯工艺是我国传统木雕工艺中核心的结构方式。榫是指木构件凸出来的部分，卯是指凹进去的部分，凸出的榫头与凹进去的卯眼，就是杆和洞的关系，一旦深度咬合，便将两个木构件牢固地结合在一起了，这种不用钉子，不用胶水，靠榫卯咬合的木结构方式，是我国木质家具、木结构建筑的关键技艺，也是一种充满中国智慧的传统术匠工艺，距今已有七千多年的历史了，它的优势是坚固耐保存、方便拆卸搬运，且不伤木质。

榫卯结构蕴含严谨的科学原理。首先它运用了摩擦力与自锁的力学原理。榫头和卯眼的凹凸配合，使榫头插入卯眼后，两者之间产生较大的摩擦力。这种摩擦力能够阻止构件在常规外力作用下发生位移，起到固定的作用。榫卯结构还符合几何原理，不同形状的木结构之间的穿插与契合，需要榫头和卯眼的形状、尺寸精确设计和加工，才能确保两者能够完美契合。这不仅需要木工匠长期的实践经验，也需要工匠精确的计算，这种精确的数据是榫卯结构能够发挥作用的基础，只有榫头和卯眼的形状、尺寸完全匹配，才能实现牢固的连接。

第四章
流光溢彩的魔法盒
——彝族漆器工艺

非遗小常识：2008年6月7日，彝族漆器髹饰技艺经国务院批准列入第二批国家级非物质文化遗产，编号为Ⅷ-128。

彝族漆器　木盔

彝族漆器是在有数千年历史的彝族古餐具基础上发展起来的民间手工艺品，主要以黑色为底，红黄交织。明、清时期，彝族漆器就被选作“贡品”上京供奉皇帝。彝族漆器历史源远流长，最早可追溯至新石器时代。它以独特的材质选取和制作工艺独树一帜，多选用优质的天然生漆涂抹于木质或皮胎之上，经数十道工序精心打造，从割漆、制胎、髹漆到绘饰，每一步都倾注着工匠的心血与智慧。

彝族漆器的色彩运用大胆且极具辨识度，黑、红、黄三色是其主色调。黑色深沉庄重，象征着土地与沉稳；红色热烈奔放，代表着火焰与生命；黄色明亮醒目，寓意着太阳与光明。这三种色彩相互交织、碰撞，形成强烈而和谐的视觉冲击。在图案设计上，漆器多采用日月星辰、山川河流、动植物等自然元素，以及独特的几何纹样，这些图案不仅是装饰，更承载着彝族的神话传说、宗教信仰和生活习俗，展现出彝族人民对自然的敬畏、对生活的热爱以及对民族文化的传承。无论是日常使用的餐具、酒具，还是具有仪式感的祭祀用品，彝族漆器都以其精美的工艺和深厚的文化内涵，散发着独特的艺术魅力，成为彝族文化的生动载体，在中华传统工艺之林中熠熠生辉。

彝族文物　矮脚木盘
中南民族大学民族学博物馆藏品

彝族漆器的诞生

彝族漆器是彝族传统文化的重要符号。在数千年时光中，彝族漆器不断融合多元文化元素，逐渐形成了地域特色的艺术风格。

彝族漆器历史可追溯到新石器时代。彼时，彝族先民在长期生活实践中，发现天然漆树的汁液涂抹在器物上，能防水耐用且色泽独特，于是开启了漆器制作的探索。最初工艺简单，多为生活实用品，造型和装饰体现彝族自身的审美与生活方式，在相对封闭的环境下，逐渐形成地域特色。

随着时间推移，彝族与周边民族的交流日益密切。秦汉时期，中央王朝对西南地区加强管理，促进了民族间的经济文化交流。彝族漆器工艺在这个过程中不断吸收其他民族的技术与文化元素。比如，在制胎工艺上，可能借鉴了汉族的木工技术，使漆器胎体更加规整、坚固；在装饰图案方面，受到其他民族文化影响，融入了更多样的动植物图案，丰富了漆器的艺术表达。

唐宋时期，民族间贸易往来频繁，文化交流更加深入，彝族漆器发展走向成熟。彝族漆器不仅在本民族内广泛使用，还作为特色商品参与贸易。

与其他民族的长期交往中，彝族漆器在工艺上不断精进，如髹漆工艺吸收了其他民族的多层髹涂法，使漆面更加光滑、色泽更持久；在器型上，借鉴了不同民族的生活器具样式，创造出更丰富的漆器品类，既保留本民族特色，又融入多元文化元素，逐渐走向成熟。

随着社会发展，彝族漆器迎来新的发展机遇。一方面，传统工艺得到系统整理和传承；另一方面，在与现代文化和其他民族文化交流融合中，彝族漆器在材料运用、设计理念等方面不断创新，采用新颜料、结合现代设计风格，开发出兼具传统韵味与现代时尚的漆器产品，让这一古老技艺在新时代焕发出新活力，成为民族交融的生动见证。

彝族漆器作为彝族文化的瑰宝，它的发展历程见证了彝族与其他民族在经济、文化、技术等方面的互动与融合，也展示了中华民族多元一体格局的形成与发展。在未来，彝族漆器有望在传承与创新中继续绽放光彩，为促进各民族文化交流和中华民族文化繁荣做出更大贡献。

彝族文物　木盔（盛汤的容器）
中南民族大学民族学博物馆藏品

彝族文物　木盔（盛汤的容器）
中南民族大学民族学博物馆藏品

彝族漆器的制作工具

彝族漆器工具多就地取材，以木、竹、骨、铁为主，注重实用性与自然材料的结合，具体制作工具大致可分为胎体制作工具、髹漆工具、装饰工具等。

胎体制作工具

斧头：用于砍伐和初步修整木材，制作木胎的粗坯。

锯子：将木材切割成所需形状，常见为手工拉锯。

刨子：修整木胎表面，使其光滑平整，多为木制刨身搭配金属刀片。

凿子：雕刻木胎内部凹槽或镂空部分，刀刃形状多样（平凿、圆凿）。

木槌：配合凿子使用，敲击凿柄以雕刻木胎。

刮刀：刮去皮革内层的脂肪和杂质，使皮胎更坚韧。

模具：用木或陶制成，定型皮革形状（如碗、盒等）。

针锥：缝合皮革胎体，多用骨针或铁针。

胎体制作工具

髹漆工具

漆刀：采集漆树汁液时使用的特制刀具，刀口呈 V 形，便于划开树皮导流生漆。

竹筒：盛接流出的生漆，竹材质可防止漆液变质。

漆刷：多用牛尾毛、马尾毛或人发制成，刷毛柔软细密，用于均匀涂抹漆液。

骨片：修整漆面，刮去多余漆液，保持胎体平滑。

装饰工具

刻刀：铁制或铜制，刀尖细锐，用于在漆面雕刻几何纹样或动植物图案。

锥针：在未干的漆层上勾勒线条，形成凹陷纹路。

镊子：镶嵌螺钿、兽骨或银片时精准夹取细小装饰物。

磨石：天然砂岩或水磨石，打磨镶嵌物表面使其与漆面平齐。

毛笔：用松鼠毛或山羊毛制成，蘸朱砂、石黄等矿物颜料绘制纹样。

调色盘：木制或陶制，调和颜料与漆液。

辅助工具

木架：支撑胎体，便于旋转操作。

麻绳：捆绑胎体，防止变形。

阴房：密闭的阴湿环境，控制温湿度以促进漆层自然固化。

湿布：覆盖未干漆器，防止灰尘附着。

砂叶：用粗糙树叶（如芭蕉叶）包裹细砂，打磨漆面。

炭块：烧制的木炭研磨成粉，用于抛光。

材料制备工具

石臼：捣碎朱砂、石黄等矿物原料。

滤网：竹篾编织，过滤颜料杂质。

陶锅：熬制动物胶（如鱼鳔胶）以调和颜料。

通过以上工具，彝族工匠得以制作出色彩绚丽（黑、红、黄三色为主）、纹样古朴的漆器，其工艺至今仍在凉山等地延续，成为非物质文化遗产的重要组成部分。

木炭粉

石黄

朱砂

彝族漆器的制作工艺流程

彝族漆器制作是一项融合了自然材料、传统技艺与民族文化的手工艺，其流程严谨复杂，需历经选材、制胎、髹漆、装饰、阴干、打磨等十多道工序，每一步都凝聚了匠人数百年的智慧与心血。以下是彝族漆器制作的详细流程。

1. 选材准备

木胎制作之前首先要选木：选用杜鹃木、桦槁树等质地细密、不易开裂的优质木材，冬季采伐后在树林里自然阴干 1 ~ 2 年。

之后要选择漆器漆料，采集漆树的汁液后过滤杂质并调和桐油光泽。黑色生漆自然氧化或加入木炭粉；红色颜料加入朱砂或赤铁矿粉；黄色颜料加入石黄或黄土。

最后选择装饰材料，有以贝壳磨片用于镶嵌的螺钿、银片、牛骨羊角雕刻而成的骨角等。

2. 制坯

粗坯制作：以刀斧将原木砍削成形，较大粗坯野外制作，较小粗坯室内制作。粗坯制成后，在地里挖坑深埋，坑上堆积农家肥令其发酵，深埋约 100 天。

细坯制作：在住房附近的传统工场，将粗坯以活塞式固定于木架，由人踩踏令其转动，师傅用长柄旋刀逐削加工成原木色器皿。随后进行精细修整，确保胎体光滑无毛刺，再涂刷动物胶填补木纹缝隙。

3. 髹漆彩绘

先打底色，用猪血、黄豆面和锅烟配制的颜料在木胎上通体打底，置于阴凉处阴干 3 天，用专用鹅卵石干磨。后髹黑漆，磨光后髹第一道黑漆，阴干后打磨，反复髹漆，至少 3 次，多可达十余次。后用山羊胡须毛制作笔毛，以竹或木为笔杆，制作齐刃或斜刃排笔状漆绘笔及打点笔。黑色为底、红色绘主纹、黄色勾边，每层阴干后再覆盖，防止混色。同时每种颜色分别靠三支不同的笔完成。彩绘时左手握木胎，右手拿画笔，不借助尺子、圆规等工具，凭手上功夫在胎体上绘出日月星辰、花鸟虫鱼等图案。

4. 装饰技法

雕刻可分为阴刻和阳刻。阴刻是用刻刀在未干的漆层上雕出凹槽纹样（如太阳纹、蕨菜纹）。阳刻则是剔除部分漆层，使图案凸起，多见于器皿边缘。

镶嵌又分为螺钿镶嵌和银片贴饰。螺钿镶嵌是将贝壳片嵌入漆面，打磨至与漆层齐平。银片贴饰则是錾刻银片花纹，用生漆黏合于器物表面。

彩绘分为矿物颜料调漆和毛笔勾绘。矿物颜料调漆是将朱砂、石黄研磨后与生漆调和，制成彩漆。毛笔勾绘是用山羊毛笔绘制彝族传统纹样（如牛眼纹、火镰纹、山河纹）。

堆漆是漆灰塑形，用漆灰（生漆 + 瓦灰 + 骨粉）堆塑立体纹饰，多见于器物盖钮或手柄。

5. 成品储藏

漆绘完成后，将漆器置于密闭阴房（湿度 70% ~ 80%，温度 15 ~ 25℃），避免阳光直射导致漆面开裂。铺一层青松叶，将漆器平放洞中，以石板为门，用布絮塞缝，密封严实，阴干一年以上。

彝族漆器作为婚嫁、祭祀礼器，是彝族身份认同的重要符号。彝族漆器制作流程不仅是技术的体现，更是对自然与生命的敬畏，其每一道工序都需匠人倾注耐心与灵性，使器物最终成为“漆、胎、纹”三位一体的艺术瑰宝。

彝族漆器
千百年不掉色的秘密

首先，彝族漆器常用天然漆作为主要涂料，它是从漆树中采割的生漆，具有耐酸、耐碱、耐高温、耐磨等特性，干燥后形成的漆膜坚硬且有光泽，能有效保护漆器表面。同时在彩绘环节，使用的颜料多为天然矿物质和植物颜料，如朱砂、石黄、松烟等。这些颜料性质稳定，不易受外界环境影响而褪色。

其次，彝族漆器具有独特的髹饰工艺。在髹漆前，工匠会对胎体进行精细处理，包括打磨、上灰、阴干等工序，使胎体表面平整光滑，为漆层附着提供良好基础，增强漆层与胎体的结合力。而在制作过程中，通常会进行多次髹漆，每次髹漆都要等上一层漆完全干燥后再进行，这样层层叠加形成的漆层不仅厚实，而且各层之间相互渗透融合，漆层也更加牢固。

彝族漆器　巨型花瓶（高达 2.2 米）

彝族漆器　高脚木盘

再次，彝族漆器采用精湛的彩绘技艺。彩绘时，工匠运用娴熟的技巧，使颜料均匀地附着在漆层表面，并且通过特殊的手法让颜料与漆层更好地结合，不易脱落。

最后，彝族漆器采用传统的养护方法。彝族聚居地多在高海拔、气候相对干燥的地区，这种环境有利于漆器的保存，减缓了颜料和漆层的老化、褪色速度。而在日常使用中，彝族人民对漆器爱护有加，使用后会及时清洗并放置在干燥通风处，避免阳光直射和潮湿环境，减少了外界因素对漆器的损害。

彝族漆器　苦木

（用于装祭祖专用首饰的器物）

从远古走来的传奇色彩

彝族漆器的色彩以黑、红、黄三色为主，这三种颜色是彝族的传统颜色，包括彝族服饰、彝族人民生活中的用品，大多由这几种颜色组成。

彝族漆器上的纹样也非常有特点，纹饰图案以日月星辰、山川河流、花鸟虫鱼、生产生活场面、原始图腾为内容，有浓郁的民族元素。传统的纹样都来源于彝族先祖对自然、生活的观察，与彝族服饰上的纹样相通，种类繁多，异彩纷呈。细细看来，这些纹样大概分为表现大自然的，如日月纹、山水纹、方向纹等；表现动物的，如牛眼纹、羊角纹、鸡冠纹、虫蛇纹等；表现植物的，如蕨岌纹、菜籽纹、南瓜子纹等；反映生产、生活工具的，如渔网纹、织布的经纬线纹、火镰纹等；有其他图案，如人的指甲、球、方向、窗、钱等。

羊角纹

山水纹

彝族漆器涵盖了餐具、酒具、马具、兵器、祭祀用具等多个品类。不同的器形和用途，反映了彝族人民在生活、战争、信仰等方面的需求和文化传统，也体现了他们对生活品质的追求和审美观念。

在传统用色和纹样的基础上，一代代传承人加入新的创作理念，使彝族漆器有了更丰富的表现。现在的漆器也会绘制具有故事性的图案，比如表现彝族火把节，表现彝族男女恋爱场景等，用色也在传统基础上有了很多突破，会根据作品的需求，在色彩上进行大胆的尝试。

彝族漆器这门技艺世代相传，承载着彝族人民的历史记忆、民族精神和文化传统，也是中华传统文化的组成部分，是中华文化延续和发展的重要见证。

科普小知识

彝族漆器在保持传统技艺精髓的同时，正在经历与时俱进的创新与变革。

在材料上，现代漆器采用更轻便的合成胎体（如树脂），或在天然木胎中加入防裂处理技术，增强耐用性。在工艺上，引入数控雕刻、激光切割等现代技术辅助纹样制作，提升效率，但仍保留核心的手工彩绘和天然生漆工艺。在色彩上，在传统黑、红、黄基础上，加入蓝、绿等新色调，适应现代审美需求，但三原色的象征意义仍为核心。

漆器也迎来功能与设计的创新，逐渐生活实用化，如开发茶具、咖啡杯、餐具等现代生活用品，融入都市人生活方式，或设计简约款漆器，减少繁复纹样，突出线条美感（如极简风漆盘）。同时参加艺术跨界，如与时尚品牌合作，推出漆器元素的饰品（耳环、胸针）、箱包配件，或作为装置艺术或家居装饰，与现代空间设计结合（如漆器屏风、灯具）。伴随文创产品生产，如迷你漆器摆件、书签、手机壳等轻量化产品，便于携带和传播文化，或结合 IP 形象（如彝族神话角色），打造年轻化文创礼品。

充满时尚感的彝族漆器

鸟兽纹铜鼓　西汉
上海博物馆

第五章
历史长河的青铜回响
——铜鼓铸造工艺

非遗小常识：铜鼓相关的非遗项目中，与铜鼓铸造较为相关的是“壮族铜鼓习俗”，于2006年5月20日经国务院批准列入第一批国家级非物质文化遗产名录，编号为Ⅸ-61。“壮族铜鼓铸造技艺”为自治区级非物质文化遗产。在广西河池环江毛南族自治县公布的非遗项目中，“民间铜鼓铸造”属于县级第二批非物质文化遗产项目。

在古老中华大地的南方，尤其是壮乡苗寨，藏着一种神秘又有趣的器物——铜鼓。这可不是一般的鼓，它历经千年岁月，依旧散发着独特魅力。

铜鼓的样子十分独特，就像一个放大版的、造型精美的金属盆，上宽下窄，肚子圆滚滚的。鼓面平坦而宽阔，边缘常常装饰着一圈可爱又神秘的立体小塑像，有青蛙、小马，这些小家伙就像一群小卫士，守护着铜鼓。鼓身刻满了密密麻麻的花纹，有螺旋纹、云雷纹，还有几何图案，仿佛在诉说着古老的故事。整体看起来，既威风又精致，往那儿一放，就是个十足的“金属明星”。

铜鼓的制作，那可是古代工匠施展的神奇魔法。在没有现代高科技的年代，工匠们凭借着高超的技艺和智慧，把铜、锡、铅等金属按一定比例混合在一起，放进特制的熔炉里，熊熊烈火燃烧，金属慢慢融化成滚烫的液体。接着，他们小心翼翼地把这些液体倒入提前做好的模具中，等液体冷却凝固后，再经过精细的打磨、雕刻，一个精美的铜鼓就诞生了。这制作过程可不简单，每一个环节都饱含着工匠们的心血，也难怪铜鼓如此珍贵。

铜鼓在古代的用处有很多，简直就是个“多才多艺的小能手”。它首先是个乐器，在重要节日和盛大庆典上，人们围成一圈，欢快地敲击铜鼓，那声音清脆响亮，节奏明快，仿佛在为节日欢呼。

同时，铜鼓还是权力和财富的象征。在一些少数民族部落里，拥有铜鼓的数量代表着一个家族或部落的地位和财富，大的部落可能拥有很多铜鼓。部落视铜鼓为珍宝，倍加珍惜。

更神奇的是，铜鼓还能用来传递信号。当遇到紧急情况时，人们通过敲击铜鼓发出不同的节奏和声音，就像在发送秘密信号，远处的族人听到后，就能明白发生了什么事情，赶紧做出应对。

铜鼓历经千年，沉淀了丰富的民族文化，是个藏着民族秘密的“时光宝盒”。它上面的每一种图案、每一个造型，都有着特殊的含义。比如青蛙塑像，在南方地区，是雨水和丰收的象征，代表着人们对风调雨顺、粮食满仓的美好祈愿。这些文化内涵代代相传，让铜鼓成为连接古代与现代、传承民族精神的重要纽带。

远古印记，铜鼓的多彩音律

铜鼓是我国古代南方民族创造的青铜艺术瑰宝，有三千多年的历史。国内主要流行于云南、广西、广东、贵州、四川、湖南等地区。国外铜鼓流行于东南亚地区，如越南、老挝、柬埔寨、泰国、缅甸等国家。我国的铜鼓分为滇系和粤系两大系，滇系铜鼓分布于云南、广西、贵州、四川、湖南等地区，形体较小；粤系铜鼓分布在广西东南部和广东西南部，较之滇系形体高大厚重。铜鼓整体又分为万家坝型、石寨山型、冷水冲型、遵义型、麻江型、北流型、灵山型、西盟型八大型。其中，北流型铜鼓是以广西北流境内出土的铜鼓为标准器物，麻江型铜鼓以贵州麻江县古墓中出土的铜鼓为标准器物。据不完全统计，我国现藏的铜鼓有 1500 多面，是当今世界上保存铜鼓最多的国家。

布依族铜鼓 广西民族博物馆藏品

铜鼓诞生的文明回响

春秋战国时期，铜鼓开始起源并取得初步发展。铜鼓最早出现在云南中部地区，当时的濮人在长期的生产生活中，对铜釜进行了改造，使其具备了乐器的功能。随着时间的推移，铜鼓逐渐传播到周边地区，成为西南地区各民族的重要文化符号。这一时期，岭南地区的先民以开放包容的姿态，与周边和中原地区进行交流。百越民族向中原地区输送了大量铜料资源，中原地区发达的冶铸技术也逐渐传播到南方地区，大幅缩短了岭南先民掌握青铜冶铸技术的过程，为铜鼓的制作提供了技术支持。

秦汉时期，铜鼓得到发展传播。秦朝统一岭南后，先进的冶铸技术被带到岭南地区，推动岭南铜鼓铸造工艺达到新的高峰。汉代是铜鼓发展的鼎盛时期，制作工艺达到了很高的水平，铜鼓的种类和数量也大幅增加。铜鼓不仅在西南地区广泛流传，还传播到了东南亚地区。在这一过程中，各民族之间的交流与融合更加频繁。例如，骆越人逐渐掌握了青铜冶铸技术，并形成了独特

蛙饰铜鼓　东汉　上海博物馆

的铜鼓文化。同时，铜鼓也成了各民族之间交流和融合的重要载体，促进了不同民族之间的文化交流和相互了解。

唐宋时期，铜鼓发展进入繁荣阶段，制作工艺更加精湛，纹饰更加丰富多样，不仅在我国西南地区和东南亚广泛流传，还传播到日本、朝鲜等地。这一时期，铜鼓成为各民族文化交流的重要媒介，壮族、瑶族、苗族等民族在长期交流中，形成了各自独特的铜鼓文化。

元明清时期，铜鼓文化进入新的发展阶段。虽然整体呈现衰落趋势，但在部分地区仍得到传承。这一时期的铜鼓制作工艺有所简化，纹饰相对简单，但其作为民族文化纽带的作用更加凸显。汉族与壮族、瑶族、苗族等民族通过铜鼓文化加深了相互依存关系，铜鼓成为促进民族交流与融合的重要象征。

古代工匠的青铜铸艺

传统制作铜鼓所需材料主要有以下几类。

金属材料

铜：是制作铜鼓的主要材料，多采用黄铜或紫铜。铜具有良好的延展性、导电性和导热性，能够保证铜鼓在铸造过程中更好地成型，且使铜鼓具有独特的音色和质感。

锡：在铜鼓制作中不可或缺，能提高铜的硬度和强度，使铜鼓更加坚固耐用。同时，锡的加入还能改善铜鼓的声学性能，让铜鼓发出的声音更加清脆、响亮、悠扬。

铅：适量的铅加入铜锡合金中，可降低合金的熔点，使熔炼过程更加容易控制。还能提高铜鼓的铸造性能，让铜鼓在铸造时更容易填充模具的各个部位，减少气孔等缺陷，使铜鼓表面更加光滑。

制模材料

木料：用于制作鼓形木模，作为范芯骨架，为后续制作内模提供基础形状。

泥料：分为粗泥料和细泥料。粗泥料通常掺有谷壳、草盘、麻丝等，用于制作范芯的底层和外模的主体部分；细泥料则掺有草灰、牛粪等，用于敷涂在范芯和外模的表层，使表面光滑，具有较好的透气性和退让性。

辅助材料

牛油：在内范表面涂抹牛油，主要是为了防止内范与外范黏连，便于后续脱模操作。

铜芯垫：在鼓型内模上均匀嵌入铜芯垫，用于控制内范与外范之间的距离，留出相当于鼓壁厚度的浇铸空腔。

此外，在制作鼓耳和铜鼓上的立体装饰等附件时，可能还会用到蜂蜡等材料。

揭秘铜鼓的制作密码

传统铜鼓制作是一项复杂而精细的工艺，主要流程如下。

1. 准备材料

金属原料：主要选用铜、锡、铅等金属。通常以铜为主，按一定比例添加锡和铅，以调整铜鼓的硬度、韧性和音色。一般来说，铜含量在 70%~85%，锡在 10%~20%，铅在 5% 左右。

辅助材料：准备制作陶范所需的泥土，一般选用黏性好、可塑性强的黏土。还要准备燃料，如木炭，为熔炉提供稳定的高温。

2. 制模翻范

制作母范：先用泥土或木材等材料制作出铜鼓的模型，确定铜鼓的形状、尺寸和纹饰。

翻制外范：将调制好的泥土均匀地涂抹在母范上，待其半干时，切割成若干块，做好标记后取下，形成外范。

制作内范：根据铜鼓的内腔形状和尺寸制作内范，内范的大小和形状要与外范相匹配，以保证铜鼓的壁厚均匀。

阴干和焙烧：将外范和内范分别阴干，然后放入窑中焙烧，使其变得坚硬，能承受高温铜液的冲击。

3. 熔炼金属

搭建熔炉：用耐火材料搭建熔炉，保证其密封性和耐高温性。

熔化金属：将准备好的铜、锡、铅等金属原料按比例放入熔炉中，点燃木炭，鼓风升温。当温度达到 1000~1200℃时，金属原料逐渐熔化，形成均匀的铜液。

4. 浇铸成型

合范准备：将焙烧好的外范和内范进行修整，去除表面的杂质和毛刺，然后按照标记进行合范，用绳索或夹具固定好，确保在浇铸过程中范块不会错位。

浇铸操作：当铜液温度达到合适的浇铸温度时，将其从熔炉中舀出，缓慢倒入范模的浇口。铜液在重力作用下，流入范模的各个部位，填充内外范之间的空间，待铜液冷却凝固后，就形成了铜鼓的毛坯。

5. 后期加工

脱模清理：待铜鼓毛坯完全冷却后，拆除范模，取出铜鼓，清理表面的泥土和杂质，并用工具去除毛边、毛刺。

打磨抛光：使用磨石等工具对铜鼓表面进行打磨，使其光滑平整。然后用柔软的材料进行抛光，使铜鼓表面呈现出光泽。

纹饰雕刻：根据设计要求，用雕刻工具在铜鼓表面雕刻出各种纹饰，如太阳纹、云雷纹等。

6. 调音校音

初步调音：敲击铜鼓，根据发出的声音判断音高和音色是否合适。若声音沉闷或尖锐，对铜鼓的厚度进行微调。

精细校音：使用专业的调音工具和方法，对铜鼓进行精细校音，使铜鼓达到理想的音色和音准。

铜鼓能发声的秘密

铜鼓能发声的秘密主要与其构造和材质有关。

从构造来说，铜鼓鼓面多为一大平展正圆的圆面，中心微隆，称光体。当鼓面受到敲击时，会产生振动，这种振动在空气中传播，就形成了我们听到的声音。铜鼓鼓身一般呈上大下小的倒置截头锥状，这种形状有助于声音的共鸣和传播，使声音更加饱满、响亮。铜鼓鼓耳常置于胸与腰之间，两侧各嵌鼓耳一对。鼓耳的作用不仅是方便悬挂和搬运铜鼓，还对铜鼓的声学性能有一定影响。

从材质来说，铜是铜鼓的主要成分，具有良好的延展性和弹性，能够在敲击时产生丰富的振动模式，从而发出独特的声音。锡能增加铜鼓的硬度和强度，使声音更加清脆、明亮。铅可降低铜鼓的熔点，改善其铸造性能，同时也能使声音更加柔和、圆润。

当用鼓槌敲击铜鼓时，鼓面发生振动，产生声波。声波在鼓身内的空腔中传播，经过反射和干涉等作用，形成复杂的振动模式，使声音更加丰富和饱满。此外，演奏方式、演奏环境也会对铜鼓的发声效果产生影响。

铜鼓续写的精神史诗

铜鼓，作为我国南方各民族极具代表性的文化瑰宝，承载着跨越千年的深厚文化内涵，在社会生活的诸多层面发挥着举足轻重的作用。从最初作为实用器具，到逐步演变为兼具多种功能的文化象征，铜鼓见证并参与了民族的发展与变迁。

在南方各民族的信仰体系里，铜鼓是连接人间与神灵的神圣桥梁，被赋予了超凡的灵性，在各类祭祀活动中扮演核心角色。比如壮族，在重大节日、祭祀祖先或求雨仪式时，人们怀着敬畏之心，庄重地将铜鼓置于祭祀场地中央。他们相信，铜鼓发出的声响能够穿越时空，传递到神灵的耳中，进而祈求风调雨顺、五谷丰登、人畜兴旺。

这种观念的形成与古人对自然的敬畏和依赖紧密相关。在生产力水平较低的时代，人们难以解释自然现象，便将生活中的吉凶祸福与神灵联系起来，认为通过特定的仪式和器物，能与神灵沟通并获得庇佑。铜鼓因其独特的音色、精美的造型以及制作工艺的神秘性，自然而然地成了这种沟通的媒介。在祭祀仪式中，人们围绕铜鼓载歌载舞，以最虔诚的姿态向神灵表达敬意和祈愿，铜鼓也因此被笼罩上了一层神秘而庄重的宗教色彩。

在古代少数民族社会，铜鼓是权力与财富的重要象征，其价值远远超出了普通器物。拥有铜鼓的数量和质量，往往代表着一个家族、部落的实力和地位。例如在一些彝族地区，铜鼓是贵族阶层的专属物品，被视为传家之宝，世代传承。在重大的社交和政治场合，铜鼓的展示是必不可少的环节，它彰显着主人的尊贵身份和雄厚实力。

广西壮族自治区环江毛南族自治县铸造的“世界最大铜鼓”
（鼓面直径达 6.68 米，重 50 吨）

从社会结构的角度来看，铜鼓作为权力象征，强化了社会等级制度。拥有铜鼓的首领或贵族，能够借助铜鼓的威望，巩固自己在部落中的统治地位，指挥和协调部落成员的行动。同时，铜鼓也是财富的象征，其制作需要耗费大量的人力、物力和精湛技艺，获取和保存铜鼓本身就需要一定的经济实力，这也使得铜鼓成为衡量一个家族或部落经济状况的重要标志。不同地区和民族对铜鼓的珍视程度略有差异，但总体上，铜鼓在社会地位的标识方面都发挥着关键作用，成为维系社会秩序和等级制度的重要文化符号。

铜鼓宛如一部无声的史书，承载着各民族丰富的历史文化信息，是传承民族记忆的重要载体。其鼓身表面雕刻着精美的纹饰，如太阳纹、云雷纹、翔鹭纹、羽人舞蹈纹等，这些纹饰并非简单的装饰，而是蕴含着深刻的文化寓意。太阳纹象征着对太阳的崇拜，反映了他们对光明、温暖和生命的追求；羽人舞蹈纹则生动地描绘了古代少数民族的舞蹈场景，展现了他们的生活情趣和艺术审美。

广西民族博物馆主体建筑外形取材于壮族铜鼓

除了纹饰，铜鼓在制作工艺、使用方式和传承习俗等方面，也蕴含着独特的文化内涵。从制作工艺来看，铜鼓的铸造融合了冶金、雕刻等多种技艺，体现了古代各民族高超的工艺水平；在使用方式上，不同民族、不同场合对铜鼓的敲击节奏、演奏方式都有严格的规定，这些规定代代相传，形成了独特的铜鼓文化传统；而铜鼓的传承习俗，往往与家族、部落的传承紧密相连，承载着先辈们的智慧和教诲，成为连接过去与现在的文化纽带，让民族文化在岁月的流转中得以延续和发展。

铜鼓在社交和娱乐生活中，同样扮演着不可或缺的角色，是增进民族情感、促进社交互动的重要媒介。在传统节日、婚礼、丰收庆典等喜庆场合，铜鼓的声音总是不可或缺。例如在苗族的花山节、瑶族的盘王节等节日里，人们身着盛装，齐聚一堂，共同敲击铜鼓，载歌载舞。铜鼓的节奏明快有力，激发着人们的热情，营造出欢乐祥和的氛围。

这种群体性的娱乐活动，不仅丰富了精神文化生活，更增强了民族凝聚力和认同感。在欢快的铜鼓节奏中，人们忘却了生活的疲惫，尽情享受着节日的喜悦，彼此之间的关系也更加紧密。此外，铜鼓演奏还常常与舞蹈、歌唱相结合，形成了独特的艺术表演形式，展现了少数民族丰富多彩的文化生活，成为民族文化交流和传播的重要方式。

科普小知识

铜鼓，这件古老而神秘的器物，不仅是我国南方少数民族的艺术瑰宝，更是一部镌刻着民族历史与文化的生动史书。而铜鼓上丰富多样的纹饰，就像一个个独特的符号，串联起古代先民的生活、信仰与审美，为我们揭开一段段被岁月尘封的故事。

太阳纹：在每一面铜鼓上，居于鼓面中心的太阳纹都是绝对的主角。它形似光芒四射的太阳，由一个圆形的光体和向外辐射的芒线构成，芒线的数量不等，常见的有八芒、十芒、十二芒等。

对远古时期的人们来说，太阳是万物生长的主宰。它东升西落，带来光明与温暖，也影响着农作物的生长和季节的更替。太阳纹在铜鼓上的出现，深刻反映了古代先民对太阳的崇拜，他们认为太阳具有神秘的力量，能庇佑人间风调雨顺、五谷丰登。

在壮族神话传说《特康射日》里，曾提到天上有十三个太阳，致使河流干涸、草木枯竭，壮族大力神特康为拯救百姓，用弓箭射下十二个太阳，只留一个照耀大地。这一传说体现了先民对太阳既敬畏又试图掌控的复杂情感，而铜鼓上的太阳纹，也承载着这种情感。在敲击铜鼓时，似乎是在与太阳对话，祈求它的恩赐，同时也警告它不得伤害生命。从实用角度来看，鼓面中心的太阳纹凸起部分，正是敲击的着力点，厚实的光体既有利于声音的传出，又能防止鼓面因长期击打而塌陷。

太阳纹铜鼓
中南民族大学民族学博物馆藏品

翔鹭纹：翔鹭纹常见于石寨山型铜鼓，描绘的是一群鹭鸟展翅飞翔的形象，它们围绕着太阳纹，呈逆时针方向排列。这些翔鹭形态优美，线条简洁流畅，有的鹭鸟口中还衔着小鱼，栩栩如生。

对于以农耕和渔猎为生的古代先民来说，鹭鸟是他们生活中的常见伙伴。鹭鸟常在水边觅食，其出现往往意味着水源丰富、鱼虾众多，象征着富足的生活。同时，在一些民族文化中，鹭鸟被视为吉祥的象征，代表着美好与和平。在铜鼓上铸造翔鹭纹，表达了人民对美好生活的向往和对吉祥的期盼。

此外，翔鹭纹也与古代的祭祀活动密切相关。有学者认为，这些翔鹭可能是祭祀仪式中舞者的象征，舞者们模仿鹭鸟的姿态翩翩起舞，以祈求神灵的庇佑和恩赐。在广西贵县罗泊湾一号汉墓出土的翔鹭纹铜鼓上，鼓胸饰有羽人划船纹，船头下方有衔鱼站立的鹭鸶和花身水鸟，呈现出龙舟竞渡的景象；鼓腰饰有羽人舞蹈纹，舞人上空有衔鱼的翔鹭，整个纹饰画面生动地展现了一场规模宏大的祭祀活动。

羽人纹：羽人纹是铜鼓纹饰中极具特色的一种，通常描绘的是头戴羽冠、身着羽衣的人形图案，他们或手持羽扇，或翩翩起舞，或划船竞渡 。羽人纹多分布在鼓身的腰部和胸部。

羽人纹的出现与古代先民的鸟图腾崇拜密切相关。在许多民族的传说中，鸟是能够沟通天地的使者，拥有神秘的力量。古人认为，通过模仿鸟的形象和动作，他们可以获得鸟的力量，与神灵建立联系 。在一些祭祀仪式中，人们会头戴羽冠、身着羽衣，模仿鸟的姿态跳舞，以祈求神灵的庇佑和恩赐。铜鼓上的羽人纹，正是这种祭祀舞蹈的生动写照。

比如冷水冲型铜鼓上的变形羽人纹，线条简洁流畅，形态各异。有的羽人双臂伸展，仿佛在飞翔；有的羽人手持器物，似乎在进行某种仪式。这些羽人纹不仅体现了古代先民对鸟图腾的崇拜，也反映了他们丰富的精神世界和独特的审美观念。此外，羽人划船纹还与古代的水上活动和战争有关，展现了当时的社会生活场景。

第六章
泥与火的艺术
——黎族、傣族制陶工艺

非遗小常识：黎族制陶已被纳入非遗，有两个相关的国家级非物质文化遗产项目。2006 年 5 月黎族原始制陶技艺经国务院批准被列入第一批国家级非物质文化遗产名录，编号为Ⅷ -4。陶器烧制技艺（黎族泥片制陶技艺）于 2011 年作为扩展项目被列入第三批国家级非物质文化遗产代表性项目名录，归入Ⅷ -98。傣族慢轮制陶技艺于 2006 年经国务院批准被列入第一批国家级非物质文化遗产名录，编号为Ⅷ -5。此外，傣族土陶制作技艺（德宏芒市）于 2006 年被列入云南省省级非物质文化遗产名录。

在悠悠华夏大地的南方，生活着两个充满魅力的民族——黎族和傣族，他们用双手创造出了令人惊叹的制陶技艺，这些陶器可不只是容器，更是民族文化的“代言人”。

在海南的黎族村落，黎族制陶就像一位时光的“老信使”，传递着千年的故事。黎族陶器的造型丰富多样，有实用的瓮、罐、釜等，这些容器在日常生活中发挥着重要作用，用来储存粮食、装水等。还有一些造型独特的炊具，比如，带流的陶釜，方便倾倒食物，设计十分巧妙。这些陶器不仅实用，还充满了艺术感。

黎族制陶技艺是黎族历史的“活化石”，从古老的时代传承至今，它见证了黎族的发展变迁，是研究黎族历史文化的重要依据。

在云南的傣族聚居地，傣族制陶则是另一番独特的风景，就像一首悠扬的民族歌谣。傣族制陶使用慢轮，这是一种古老而独特的工具，就像一个神奇的旋转舞台。慢轮由木质的轮盘和支架组成，通过脚踩踏板，让轮盘缓慢转动，为陶器的成型提供了稳定的基础。此外，还有竹片、木拍等工具，用于修整泥坯的形状和表面。

无论是黎族制陶还是傣族制陶，都是民族文化的瑰宝，是人类创造力的结晶。这些陶器带着泥土的芬芳和民族的温度，在岁月的长河中闪耀着独特的光芒，值得我们去了解、去保护、去传承。

傣族陶器

黎族、傣族制陶的泥土史诗

黎族原始制陶技艺，是海南昌江黎族自治县传统手工技艺，国家级非物质文化遗产之一。海南黎族的原始制陶技艺已有数千年的发展历史，活态保存了新石器时期人类早期制陶的工艺形态。

黎陶的器型外观比例匀称，原始古朴，凝重敦厚，结构细密严实，器面光滑，没有砂粒、裂纹、洞眼、杂质及其他附着物，有红、黑、灰、褐、紫等颜色。

傣陶同样是我国少数民族传统手工艺典型代表。陶器颜色大部分以黑、红、黄三色为主，器型丰富，多是平底罐、器盖和茶罐，纹饰有动物纹、植物纹、绳纹等。在实用价值、经营价值、文化价值等方面，傣陶以其质地优良、设计精巧、源远流长的民族特色在现代陶瓷艺术中占据重要地位。

在生产生活方面，傣族形成了以农业为基础的家庭手工业，这种生产模式规模小、种类多，覆盖了日常生活的方方面面，包括纺织、陶器、石器、建造、耕种等。这种以部落、村寨、家庭等小单位为基础的生产方式，使得傣陶艺术形成了制陶工艺家庭世袭的传承方式并延续至今。

傣族陶器

黎族、傣族制陶的溯源寻根

在中华大地，陶器作为人类文明进步的关键见证，承载着深厚的历史底蕴。黎族与傣族的制陶工艺，不仅是各自民族的艺术瑰宝，更是民族交往、交流和交融的生动例证。

黎族制陶历史可追溯至新石器时代。考古学家在海南发现的大量早期陶器残片，其粗糙质地与独特纹饰，展现出黎族先民最初探索制陶的痕迹。那时，制陶主要为满足日常生活所需，制作出简单实用的容器，用于储存、烹饪。由于海南四面环海，相对封闭，黎族制陶工艺在早期保持着独特的原生性，较少受到外界干扰，独立发展出泥条盘筑、露天烧制等技艺，陶器造型与装饰具有鲜明的海岛特色，常出现海浪、贝壳等海洋元素。

秦汉时期，中央政权对海南的管辖逐渐加强，汉族与黎族的交流日益频繁。汉族先进的农业与手工业技术传入海南，对黎族制陶产生一定影响。例如，在烧制技术上，黎族可能借鉴了汉族部分窑炉建造与烧制经验，提升陶器质量。同时，汉族的审美观念也渗透其中，一些黎族陶器在装饰上开始出现与汉族文化相关的元素，如莲花纹等。

黎族陶器

先秦到唐宋时期，黎族制陶工艺不断发展。随着人口繁衍与部落发展，制陶技术在黎族内部广泛传播，形成不同的地域风格。一些黎族部落掌握了更精湛的制陶技巧，能制作出造型复杂、装饰精美的陶器。例如，部分陶器上出现人形纹、蛙纹等图案，其图腾意义反映了黎族社会的精神信仰与文化内涵。这种传承主要依靠口传心授，长辈向晚辈传授制陶技艺，确保这门手艺在家族与部落中延续。

海南黎族通过海上贸易与交流，与周边民族（如汉族、苗族）有一定接触。在制陶工艺上，可能与同样擅长制陶的其他南方民族相互学习，如在制陶工具的改良、陶土的处理等方面，吸收有益经验，丰富自身制陶技艺。

傣族聚居的云南地区，是人类文明的重要发祥地之一，其制陶历史可回溯到数千年前。早期傣族制陶受到当地自然环境与原始信仰的深刻影响。云南丰富的陶土资源为制陶提供了物质基础，而傣族对自然神灵的崇拜，则反映在陶器的造型与装饰上，出现许多与自然元素相关的图案，如树木、动物等。在制作工艺上，傣族发展出慢轮制陶技术，使陶器的形状更加规整，器壁更加均匀。

随着时间推移，傣族制陶工艺不断完善。在南诏、大理国时期，傣族社会经济文化繁荣，制陶业得到进一步发展。这一时期，佛教传入傣族地区并广泛传播，对制陶产生深远影响。大量带有佛教元素的陶器涌现，如佛塔造型的陶器、印有佛教经文与佛像的陶制品等，成为傣族宗教文化与制陶工艺融合的独特标志。陶器不仅是生活用具，更成为宗教仪式中不可或缺的物品，承载着傣族人民的精神寄托。

历史上，傣族与汉族通过贸易、迁徙等方式保持密切联系。汉族的制陶技术与文化对傣族产生重要影响。例如，汉族先进的彩绘工艺传入后，傣族陶器在装饰上更加丰富多彩，出现了色彩鲜艳、构图精美的彩绘陶器。同时，汉族的制陶工具与窑炉技术也被傣族借鉴，提高了生产效率与陶器质量。

在云南多民族聚居的环境中，傣族与周边少数民族（如彝族、哈尼族等）频繁交流。在制陶领域，各民族相互学习、取长补短。比如在制陶原料的配方、装饰手法等方面，通过交流融合，形成独特的地域风格，促进了各民族制陶工艺的共同发展。

黎族与傣族通过跨地域的技艺对话进行制陶交流。虽然黎族与傣族相隔甚远，但通过古代的贸易路线、民族迁徙以及文化传播，他们在制陶领域可能存在间接交流。例如，在装饰图案上，二者都有对自然元素的描绘，尽管表现形式有所不同，但反映出共同的对自然的尊崇。或许都曾受到中原制陶技术的影响，进而在发展过程中产生相似的演变趋势。这种跨地域的交流，丰富了各自的制陶文化，也体现了中华民族文化多元一体的格局。

黎族、傣族制陶工具的解读

黎族制作陶器的工具

泥土处理工具

木杵、木臼用于舂打粉碎陶土；竹筛用来筛出陶土细粉末。

制坯工具

木拍用于拍打陶坯外壁，使其达到设计形状；木刮可用于刮去泥条接缝，抹平陶坯；竹刀用来切割泥团、泥条以及修整陶坯边缘；蚌壳可沾水后抹平陶坯的内外壁，还能进行一些细节的塑造；钻孔竹棍可用于在陶坯上钻孔；竹垫用于放置陶坯，便于制作和移动。

泥土处理

烧制相关工具

在篝火式焙烧中，需要准备石头用于搭建柴堆底座，木柴作为燃料，还需准备引火用的易燃火棉等。

其他工具

在淬火上油环节，需要桶来盛放“赛子若”树皮水，用木棍挑出烧制通红的陶器进行淬火。

烧制陶器

傣族制作陶器的工具

泥土处理工具

木杵、木臼用来舂土，将陶土舂碎；竹筛用于筛土，筛选出细腻均匀的陶土；另外可能还会用到铲子等工具来挖取陶土。这与黎族大体相同。

制坯工具

与黎族略有不同的是，转轮是傣族慢轮制陶的重要工具，通过脚或手拨动转轮，使陶坯在旋转中成型；有纹的木拍用于拍打器物表面，打出印纹；竹刮用于刮削陶坯，使其表面光滑、厚度均匀；石球可用于在制坯过程中辅助按压、调整陶坯形状。

烧制工具

在露天焙烧或封闭半焙烧时，需要搭建简易的烧陶场地，准备燃料如木柴、稻草等，还可能会用到一些砖块或石头来搭建烧陶的窑体框架。

解锁黎族、傣族制陶工艺流程

黎族制陶过程由挖陶土、挑陶土、晒陶土、粉碎陶土、筛陶土、和泥、制坯、干燥、准备烧陶、点火烧陶、取陶、加固等步骤组成。制成品主要有釜、甑、瓮、碗、罐、蒸酒器、蒸饭器等器型。

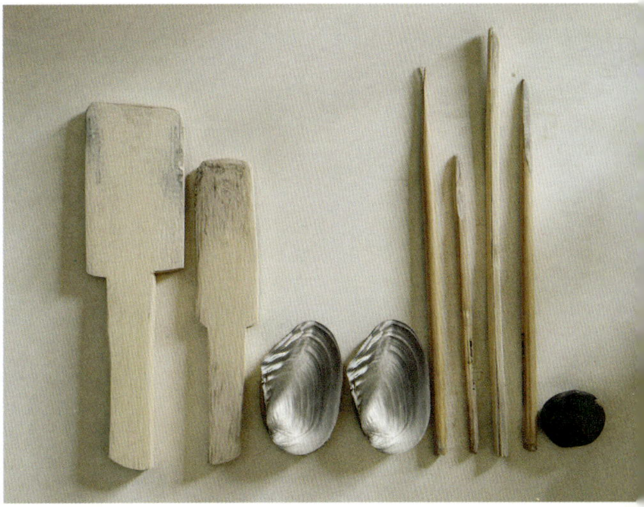

黎族陶器制作工具

1. 前期准备工作

挖取土坑深处的白色陶土，将泥土粑开晾晒，稍干后放在独木臼里舂打粉碎，之后倒在竹筛里筛出细粉末，用水与黏陶土 1:2 的比例掺和，揉成泥团，将泥团放在木凳上再用木棍槌打，以增加它的黏性，阴放几天，让陶泥变性变熟。

在制作陶器之前，按照黎族传统方式，虔诚地围绕木凳边歌边舞，让神灵保佑制陶成功。

2. 制作陶坯

仪式结束后，陶艺师傅再次反复揉和泥团，先在木板上把部分泥团打成圆形的泥饼状，作为陶器的底层，然后把泥饼移到一个倒扣的粗孔竹筛上，用尖竹刮刀，切割出圆饼状器底，把边角料去掉，把部分泥团搓成直径约 2 厘米，长约 50 厘米的泥条数根，将第一根泥条盘绕在圆形的泥饼四周，筑成泥坯，沿边用手捏牢，一手扶器内壁，一手用小木板刮去泥条接缝，外壁抹平后逐根重复盘绕、捏牢、抹平。用小木板沾水拍打陶坯外壁，直至达到器具设计形状，用水喷洒陶坯，再用木板、贝壳抹平陶坯的内外壁，让陶坯成型且里外平滑，再用绳子切割平陶坯口，沿陶坯口再加上一根泥条作为装饰，用大片的贝壳刮平，塑成各种所需的器皿形状。

3. 制作“赛子若”树液

到村边削取黎语称“赛子若”（又称“塞柴崖”）的树皮捣烂，与黎语称“柴构仁”的植物放在一起浸泡，浸出深红色液体，将树液盛在桶里后期烧陶备用。

4. 篝火式焙烧陶器

首先，制陶人会在宽旷的田野中央放上四块石头，把 300 斤重、直径约 6 厘米、长约 160 厘米的木柴架在上面，8 层成四方形，把已晾干的陶坯倒扣着码放在柴堆上，再盖上一厚层干稻草，同时放上一个烧好的陶器作引子，希望这批陶器能像这个陶器一样在烧的过程中完好无损，也就是室外烧陶，是黎族、傣族烧陶共同特点，区别汉族地区的窑内烧陶，是一种原始粗放式的烧陶方式，优点是制作方便快捷，不过陶器的硬度有限。

之后进行祈福和驱鬼仪式，然后便开始烧陶。火种点燃稻草与木柴，燃烧整个柴堆篝火，此时热度可达到 800℃左右，陶坯会发生一系列的物理化学变化，使松散的黏土聚结起来成为有一定强度和硬度、结构较为致密的陶器，当摆放陶坯的柴堆烧到三分之二、木柴渐渐烧成炭时，不断地往火堆上添加整车稻草，以助火力。稻草烧完后，陶器上形成厚厚的火灰，这时火渐渐由表入里，持续着小火状态，进行短时间渗碳，使陶器的孔隙度降低，结构更为致密，制得的陶器更光滑、坚实。

经过两个多小时的烧制后，用木棍把在火堆里烧得通红的陶器一个个挑出来，再把事前备好的“赛子若”树皮水淋洒在陶器上进行淬火冷却，增加硬度，陶器立刻喳喳作响，呈现黑红色点状或片状的斑斑油彩，陶器制作成功。

泥条盘筑法之类的原始制陶工艺至今在海南昌江黎族自治县石碌镇大坡地区仍有传承，这对史前制陶史的研究具有重要的启示作用。黎族保留着制陶的原始形态和特征，真实地再现着原始的制陶过程，不失为我国古代原始制陶的“活化石”。

拌水揉土

泥条盘筑

抹光

叠架

焙烧陶器

焙烧陶器

淋水

黎族陶器

接下来我们看一下傣族陶器。据文献资料记载，傣族制陶工艺历史悠久。新石器时代，有“百越”之称的傣族先民，在矿产资源匮乏、生产技术落后的条件下，使用最原始古朴的制陶方式——慢轮制陶。慢轮制陶中拍打形成印花纹饰的独特方式促使云南印纹陶的产生，随着历史变迁，这种传统制陶工艺也随着傣族先民世代传承下来。

优越的地理环境为傣族制陶业的发展提供了有利条件。地处热带季风气候的西双版纳地区日照充足、降水丰富，因此草木茂盛、土质肥沃，促进了制陶原料粗加工产业的形成，成为制陶生产最优质的原料提供地。

被少数民族特色文化贯穿的傣族陶器，在诸多傣族村落中至今仍然保持着原始制陶技术。与现代制陶技术相比，傣陶虽没有严格、精细的泥釉料配比以及高效率、高便捷机械工具的介入，但正是傣陶的这种最原始、最淳朴的制陶工艺，在陶瓷工艺制作飞速发展的今天更具艺术性和代表性。傣陶的传统制陶工艺流程主要包括泥料制备、坯体成形、器表装饰、烧制陶坯四个环节，每个环节均是由制陶者手工完成，各具特色。

1. 泥料制备

傣陶的泥料制备对于陶器制作是一个极其重要的步骤，而傣族人民在泥料的挑选上极为讲究。根据当地的习俗文化，通常就地取材，将挑选好的泥料取回后进行晒干、研磨、过筛，最后掺入从河中采集的细砂和水搓成泥团，放入地窖中储存。在制作陶坯前，将其放在木板上，用木拍反复敲打成为陶土。

2. 坯体成形

傣陶的成形方式多样，其中最具特色的是慢轮制陶工艺，这一传统技艺至今仍在延续。慢轮制陶时，工匠用手或脚轻轻拨动转轮使其缓慢旋转，一手持鹅卵石支撑在陶坯内部，一手持木拍不断拍打陶坯，通过这种方式保证陶坯的规整与美观。由于转速较慢，这种工艺难以实现提拉成形，因此需要结合手工捏塑、泥条盘筑、贴筑等多种成形方式。慢轮不仅是成形工具，更是重要的修整工具。

随着技术进步，如今大多数制陶者采用快轮拉坯成形。这种工艺利用高速旋转产生的离心力提拉泥土成形，能够制作出厚度均匀、规整周正的器型，是目前陶器生产中最高效的成形方式。

傣族慢轮制陶

3. 器表装饰

如果说慢轮制陶工艺是傣族人民原始生产生活的缩影，那么对于在傣陶上所使用到的装饰手法和纹饰图案则是傣族传统文化艺术的集中体现。傣族陶器的装饰手法主要有拍压印花、滚印、刻画、剔刻和镂胜。

以拍压印花为例：拍压印花装饰工艺主要使用到的工具即前文提到的木拍，木拍表面刻阴刻纹，在半干的陶坯上进行不断地拍打，在此过程中由于拍打角度、次数略有不同，陶器表面形成了错落和重叠的纹理。不论在哪种器表装饰工艺的运用上，傣陶制作始终坚持“就地取材”原则，或多或少带有些许“随意”，在陶器制作中蕴含着浓厚、稚朴的生活气息。

刻画陶器装饰纹样

烧制陶坯

4. 烧制陶坯

在众多陶瓷烧成工艺中，傣陶的烧制方式灵活多变，有别于现代陶瓷烧成工艺的局限性和严苛性，完成烧制所需要的工具与材料都与日常生活相关。平地堆烧是最常见的烧制方式，在空旷平地上，用树枝、干草和碎柴等易燃物铺制成厚约 30 厘米的窑床，木屑和树叶填补缝隙，将晾干的陶坯从小到大依次套放或横置在窑床上，器物间隙撒上木屑，之后用稻草均匀地将窑床四周围拢，把和好的泥浆涂抹在表面，形成一个封闭的窑体并在表面留若干出烟孔。

燃烧 40 多小时，直至泥壳开裂，窑体塌陷，烧制方可结束。经过长时间的发展，傣陶传统的烧制方式实现了从室外到室内、从无窑到有窑的转变，且自身还在不断地进步。

傣族制陶工艺体现了人与自然的完美结合，是贯穿社会历史的文化积淀，极具民族气息。如今，傣陶艺术受到越来越多的陶瓷工作者、艺术家的关注，呈现多元化发展的趋势，其丰富的艺术内涵与文化观念在不断地传承和嬗变。傣陶之美，体现在质朴深沉的器物之美，在具备实用功能的基础上更加兼具美学特征，造型稳重大方，纹饰简洁明朗，形成了一套独特的审美体系，完美地诠释了匠心独具的自然之美和工艺之精。

黎族、傣族制陶的精神映射

黎族和傣族的陶器都具有丰富的精神象征意义，它们不仅是实用的器皿，更是民族文化的重要载体。

黎族陶器的纹饰和色彩多与自然有关，如圆代表天，方代表地，三角代表山，菱形代表水等，体现了黎族人民对自然的崇拜和敬畏之情。此外黎族陶器的制作工艺和纹饰中融入了祖先崇拜的元素，如陶器上的蛙纹，与黎族的祖先崇拜有关，被视为祖先的象征，能够保佑家族的繁荣和昌盛。在黎族陶器的制作过程中，需要经过选土、挖土、晒土、舂土、过筛、制作、阴干和烧制，这八个步骤代表了生命的诞生、成长、成熟和死亡的循环过程，体现了黎族人民对生命的尊重和敬畏之情。

傣族陶器

傣族陶器也具有深刻的文化内涵。傣族全民信仰南传上座部佛教，傣族陶器的制作和使用与佛教信仰密切相关，如在佛教建筑装饰中使用的陶制小塔、孔雀、龙、凤、狮、象等，这些陶器不仅具有装饰作用，还体现了傣族人民对佛教的信仰和对美好生活的向往。傣族陶器的造型和纹饰多取材于自然，如植物的根茎、花草、树木等，这些陶器不仅具有实用价值，还体现了傣族人民对自然的热爱和对自然美的追求。傣族陶器的制作工艺和造型体现了傣族人民的生活哲学，如傣陶中最具典型性的青蛙肚造型，它在使用上以大储物功能著称，但其背后又体现了多生多育的美好意愿。

科普小知识

黎族和傣族的陶器纹饰各具特色，不仅具有装饰性，还蕴含着丰富的文化内涵。黎族陶器纹饰常见的有几何纹、动物纹、植物纹饰、图腾纹等。

几何纹中常见的有方格纹、编织纹、水波纹等，这些纹饰多以抽象的形式表现，线条简洁流畅。动物纹以蛙纹最为典型，蛙纹在黎族文化中具有重要的象征意义，被视为祖先的象征，能够保佑家族的繁荣和昌盛。植物纹常见的有树叶纹、花瓣纹等，这些纹饰多以自然形态为基础进行变形和简化，体现了黎族人民对自然的热爱和对自然美的追求。图腾纹如大力神纹等，这些纹饰多以神话传说中的人物或动物为原型进行创作，体现了黎族人民对祖先和神灵的崇拜和敬畏之情。

傣族陶器纹饰同样常见的有几何纹、动物纹、植物纹饰、人物纹等。

几何纹常见的有回字纹、菱形纹、三角纹等，这些纹饰多以规则的几何图形为基础进行组合和变化，线条流畅，富有节奏感。动物纹如象纹、孔雀纹、鱼纹等，这些纹饰多以写实的手法表现，形象生动，富有生活气息。植物纹如莲花纹、忍冬纹等，这些纹饰多以自然形态为基础进行变形和简化，线条优美，富有装饰性。人物纹较少见，多以抽象的形式表现，如舞蹈纹、祭祀纹等，这些纹饰反映了傣族人民的生活场景和文化传统。

第七章
黎汉交融斑斓诗篇
——黎族传统纺染织绣技艺

非遗小常识：2006 年 5 月 20 日，黎族传统纺染织绣技艺经国务院批准列入第一批国家级非物质文化遗产名录，编号为Ⅷ-19。2009 年，黎族传统纺染织绣技艺被联合国教科文组织列入“急需保护的非物质文化遗产名录”。2024 年 12 月 5 日，联合国教科文组织保护非物质文化遗产委员会审议并通过，将黎族传统纺染织绣技艺从“急需保护的非物质文化遗产名录”转入“人类非物质文化遗产代表作名录”。

在祖国南端的海南岛，生活着一个古老又充满活力的民族——黎族。他们就像一群天生的艺术家，用手中的棉线、麻线，还有大自然馈赠的染料，编织出了世间绚丽多彩的，被称为“中国纺织史上的活化石”的黎锦。

传说中，黎锦的诞生充满奇幻色彩。很久很久以前，一只美丽的凤凰叼来了五彩斑斓的种子，撒在了海南的土地上。黎族的祖先们把这些种子种下去，收获了色彩各异的棉花，从此开启了编织黎锦的奇妙旅程。这当然只是个美丽传说，但黎锦的历史确实可以追溯到三千多年前的商周时期，历经岁月洗礼，依旧闪耀着独特光芒。

走进黎族村落，说不定就能看到这样的画面：阿婆坐在屋檐下，脚踩织机，双手在棉线间飞舞，梭子在经纬线中来回穿梭，一块精美的黎锦初见雏形。黎锦的制作工序复杂，要经过纺、染、织、绣四大步骤，每一步都藏着大学问。纺线时，黎族姑娘们用简单却巧妙的工具，把棉花变成细细的棉线，这线就是黎锦的“骨骼”；染色用的是天然染料，从植物的根、茎、叶提取，把大自然的色彩一网打尽，红的像木棉花，蓝的似大海，黄的如阳光；织布的织机也是大有来头，别看样子古朴，却能织出千变万化的图案；绣工更是一绝，黎族姑娘们用细细的绣针，绣出各种灵动的图案，有象征吉祥的龙凤，有活泼可爱的花鸟鱼虫，还有记录黎族生活场景的画面，每一针都饱含着对生活的热爱。

黎锦的图案堪称一绝，它们可不只是简单的装饰，而是一部部黎族的无字史书。三角形、菱形这些几何图案，是对山川河流的抽象表达；人形纹、动物纹则讲述着黎族祖先的英勇故事和与自然和谐相处的美好时光。穿上黎锦服饰，就像披上了黎族的历史与文化，走在阳光下，那绚丽的色彩和独特的图案，回头率绝对爆表。

如今，黎锦不只是黎族人民的心头爱，更是走向世界的文化瑰宝。它带着浓浓的热带风情和独特的艺术魅力，吸引着无数人的目光。不管是时尚秀场上的惊艳亮相，还是国际艺术展览中的独特展品，黎锦都在向全世界诉说着黎族那跨越千年的故事。

哈黎族织锦婚礼图　中南民族大学民族学博物馆藏品

机杼经纬间，黎锦岁月长

黎锦是海南岛黎族创造的一种纺织技艺，集纺、染、织、绣于一体，是我国乃至世界最古老的棉纺技艺之一。早在三千多年前，黎族人民就开始使用纺染织绣技艺。春秋战国时期，史书上称其为“吉贝布”。汉朝时，图案精美、做工精细的黎锦就成为朝廷征调的贡品。海南岛因黎锦而成为我国棉纺织业的发祥地，其纺织技艺领先于中原1000多年。

黎锦的蓬勃发展离不开纺织业先驱——黄道婆。黄道婆幼时不幸流落到海南岛南部的崖州，在水南村，黄道婆向当地黎族学习纺织技艺，并被传授了织“崖州被”的技术。“崖州被”幅度宽、面积大，还要织绣各种各样的图案花纹，是崖州地区纺织技术的集中体现。在崖州生活三十余年后，黄道婆将她所学到的黎族纺织技术带回松江乌泥泾，并融合黎、汉纺织技术的长处，将我国棉纺织技艺提升到新的高度，她也成为我国历史上著名的棉纺织革新家、“布业始祖”。

黎锦的前世今生

黎锦有着悠久的历史渊源，在与其他民族交往、交流与交融的过程中不断发展和丰富。

商周时期，黎族先民已掌握纺织技术，用简单工具织出原始黎锦，用于制作衣物等生活用品。

春秋战国至秦汉时期，黎族纺织技术进一步发展，黎锦成为朝廷贡品，因其精细、轻软、洁白、耐用的特点深受喜爱，同时与中原地区的交流也促使其工艺改进。

唐宋时期，黎族棉纺织工艺长足发展，出现“黎单”“黎饰”“黎幕”等产品，纺织技术传入中原地区，对当地纺织业产生一定影响。

元朝时期，黄道婆向黎族妇女学艺，改进并传播黎族棉纺织技艺，推动了长江下游棉纺业发展（“衣被天下”），也使黎锦技艺在更大范围传播。

黎族龙被
中南民族大学民族学博物馆藏品

明清时期，黎族棉纺织业达到高峰，出现“黎幔”“儋帐”“崖州被”等产品，即“龙被”，融合了汉文化的龙、凤、麒麟、人物、花鸟、诗词等经典纹样，将黎锦技艺推向高峰。

近现代以来，受现代文明冲击，黎族传统生活方式改变，年轻人不再继承织锦技艺，黎锦曾一度面临失传危险。

近年来，政府和社会各界重视黎锦的保护与传承，通过多种方式培养传承人，推动黎锦技艺的传承与发展，使其不仅成为黎族人民的骄傲，更成为我国传统文化的代表之一。

黎锦龙被局部
中南民族大学民族学博物馆藏品

穿针引线，织就黎锦风华

黎锦制作体现了古人的智慧，织造黎锦的工具主要包括以下几种。

棉花处理工具

木棉不能直接纺线，需要经过处理去除棉籽有两种工具：一是手搓去籽十字棍，用于去除棉花中的棉籽，是最原始的去籽工具。黎族妇女用手握住十字棍，在棉花上来回搓动，使棉籽与棉花分离。二是木制手摇轧花机，由机架、滚筒、摇把等部分组成。将棉花放入滚筒之间，通过手摇摇把使滚筒转动，利用滚筒的挤压和摩擦作用去除棉籽，提高了去籽效率。

纺织工具

脚踏纺纱机：主要由纺纱锭子、脚踏板、传动带等部分组成。黎族妇女坐在纺纱机前，用脚踩踏脚踏板，通过传动带带动纺纱锭子转动，将棉花纺成纱线。

手捻纺锤：由转轮、捻杆、挂纱勾组成。

踞腰织机：也叫腰织机或腰机，是黎族最古老的织布工具之一，也就是靠腰部力量支撑来织布。由腰带、腰力棍、夹布棍、定经棍、打纬刀、挑花刀、踩力棍、定幅杆等部分组成。织布时，妇女席地而坐，将腰带系在腰间，双脚踩住经线轴，通过拉经棍把经线分为上下两层，形成一个自然的梭口。将打纬刀立起，扩大开口，接着将缠有纬线的梭子从左向右或从右向左引纬线而过，放平纬刀将纬线敲打紧实。如此上下交替，织出精美的黎锦。

黎族妇女运用腰机制作黎锦

染布工具

染缸：用于浸泡和染色纱线或布匹。染缸通常由陶土或木材制成，形状为圆形或方形。

搅拌棒：用于在染缸中搅拌染料和纱线或布匹，使染色更加均匀。搅拌棒通常由木材或竹子制成。

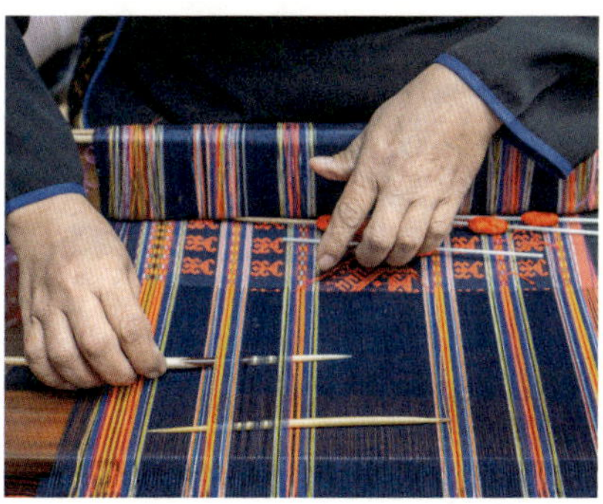

刺绣工具

针：用于刺绣，将丝线或棉线穿过布料，形成各种图案和花纹。黎族刺绣使用的针通常为手工制作的银针或铜针。

线：用于刺绣，通常为彩色的丝线或棉线。黎族刺绣使用的线多为天然染料染色的丝线，色彩鲜艳，不易褪色。

锦色织就黎锦梦，黎韵绵延岁月歌

黎族纺染织绣技艺工序复杂且精细，要想织成美丽的锦缎，就要经过纺、染、织、绣四大主要工序。

“纺”，需要用到的工具有捻纺锤和单锭脚踏纺车。首先将棉花去籽并清理杂质，用弹弓弹松，再用纺车将松散棉花纺成纱线。黎族纺车轻巧简便，能灵活调整纱线粗细，满足不同需求。这一过程需要技巧和耐心，手工纺织的棉纱质地均匀，手感柔软。

“染”，以天然植物、矿物为染料，通过发酵、水煮、泥埋等方法制取，贝壳灰、草木灰起染媒的作用。如用蓝靛染蓝，黄姜染黄。染色时采用浸染、煮染等方法，让色彩牢固附着于纱线。还可通过扎染（绞缬）等技法形成独特且丰富的花纹。

“织”，使用踞腰织机，席地而坐操作。织工腰系织机腰带，双足踩住经线轴，将经线固定在两端，用纬线穿梭交织。根据图案的需要，用各种颜色的纬线搭配，熟练运用挑花、提花等技法，织出精美复杂的花纹图案。

“绣”，是在织好的布料上用彩色丝线刺绣，针法丰富，有平绣、锁绣、打籽绣等，绣出的图案栩栩如生。

采用植物染料染好的线

黎锦不掉色的秘密

黎锦色彩鲜艳、图案精美，且具有不易掉色的特点。这是因为制作黎锦使用的染料主要来自山区野生或家种植物，如苏木、姜黄、蓝靛草、谷木、乌墨树等，这些植物染料色彩鲜艳、不易褪色，来源广泛。且黎锦的染色过程十分复杂，需要经过浸泡、熬煮、捣舂等多道工序，将植物中的色素充分提取出来，然后加入草木灰、螺灰、明矾、盐等染媒，生成染液。

黎族具有独特的染色技术，在制作中要多次浸染，将棉线放入染液中浸泡后取出晾晒，然后再次放入染液中浸泡，如此反复多次，使颜色充分渗透到棉线中。还会控制染液浓度和温度：在染色过程中，需要根据不同的染料和颜色要求，控制染液的浓度和温度，以确保染色效果。最后在染色中添加助剂：为了提高染料的渗透性和牢固度，黎族妇女在染色时还会添加一些助剂，如酒、醋等。

黎锦制作具有精湛的纺织工艺。黎锦的纱线质量优良，通常采用手工纺制，纱线粗细均匀、质地坚韧，能够承受多次染色和织造过程中的拉伸和摩擦。黎族妇女在纺织黎锦时，采用了独特的纺织技巧，如错纱、配色、综线、挈花等，使图案更加清晰、色彩更加鲜艳。

黎锦的文化密语

黎锦物样精美、图案丰富、色彩鲜艳、工艺精湛。黎锦纹样有鹿、斑鸠、蛇、青蛙、孔雀、鸡以及竹、稻、花卉、水、云彩、星辰等 100 多种，大多由简单的直线、平行线和方形、三角形、菱形等几何图形构成，这些图案也寄寓着黎族人民的美好祈愿。黎锦色彩以红、黄、蓝、绿等鲜明色彩为主，形成强烈视觉冲击，且善于运用对比色，使图案醒目、立体，展现黎族人民对生活的热爱和独特审美观念。

鹿纹

鹿纹

人形纹中的大力神纹

人形纹中的大力神纹

人形纹中的母子纹

人形纹中的母子纹

甘工鸟纹

甘工鸟纹

精美的黎锦背后有着丰富而深刻的文化象征。黎锦纹样如三角形象征山，圆形象征太阳，波纹象征水，体现对自然的敬畏与依赖，体现出黎族先民的自然崇拜；另有一些图案反映了黎族人民对生育繁衍、人丁兴旺的美好愿望，如人形纹中的婚礼图、人丁兴旺图等，体现出黎族先民的生殖崇拜；部分图案蕴含着对祖先的敬仰和纪念，承载着民族的历史记忆和文化传承与祖先崇拜；汉字符号纹样“喜”“福”“禄”“寿”“万”等，表达了对幸福生活、健康长寿的追求和希望。

黎锦具有多方面的实用功能。黎锦多用于制作妇女筒裙、摇兜、上衣、裤料、被单、头巾、腰带、挂包、披肩、鞋帽等生活用品，其精细、轻软、洁白、耐用的特点，满足了黎族人民日常生活的穿着和使用需求，具有生活实用功能。在黎族的民俗节日、婚礼盛会等重要社交场合，姑娘们会身着美丽的黎锦服饰，展示自己的织绣才华。织绣技艺超群出众者会被称为织绣能手，赢得他人的赞美和尊敬，同时也能吸引青年男子的目光，也就是说黎锦还具有社交礼仪功能。此外，黎锦还具有文化传承功能，黎锦的图案和工艺承载着黎族的历史、传说、民俗信仰，是黎族文化的重要载体之一。通过代代相传的织锦技艺，黎族人民将自己的文化记忆和价值观传承下去，保持了民族文化的延续性和独特性。最后是经济贸易功能，早在唐宋时期，黎锦就成为海南贸易往来的重要商品，深受内陆人民的喜爱。到了清代，黎锦更是成为国内外贸易的珍品，其精美的工艺和独特的艺术风格吸引了众多商人的关注，为黎族地区带来了一定的经济收入。

哈黎人形纹

美孚黎人形纹

润方言区的祖先纹
中南民族大学民族学博物馆藏品

科普小知识

黎族织锦纹样非常丰富多彩，有人做了初步统计，大约有 160 多种纹样，目前还无法证实到底有多少种，但至少已经确定有 160 多种以上。这些图案样式离不开黎族当地的生活环境、地理条件等自然因素影响。黎锦纹样最普遍最多的是人形纹，有的称为大将军纹，有的称为大力神纹。在五个方言区的筒裙上均有体现，形态也大体相似，在颜色和造型上略有差别；其次是动物纹，动物纹也是黎锦图案中常用的纹样，有卧龙纹、凤纹、鸟纹、鹿纹、青蛙纹、昆虫纹、黄猄纹、水牛纹、鸡狗纹、龟蛇纹；再次是植物纹，植物纹在黎族筒裙均有体现，有藤条纹、槟榔树纹等，但每个方言区植物纹的名称和样式是不同的：另外还有几何纹，在黎族筒裙中主要是副纹和底纹，受汉文化影响，过去黎族妇女以会写汉字为荣，因此，黎族妇女将她们习得的带有吉祥意义的汉字作为装饰纹样，绣在服饰的显眼部位。此外，还有雷、电、日、月、水、火、山川、流水、云雨、碗锅、藤箱等纹样。

我国传统的“敬天崇祖”思维在黎族地区得以呈现，反映在黎族地区就是自然崇拜、图腾崇拜、祖先崇拜，在黎族织锦上以不同方式织造或刺绣出来。润方言区的黎族把“祖先”的形象设计成一间五边形的房屋，房屋中央有主体人形纹，主体纹样中又穿插各种体型较小的人形纹，期望祖先能呵护全村或本家族兴旺，达到被祖先“保护”的心理。因此，黎族织锦纹样除了有装饰的作用外，更多的是反映黎族浓厚的文化内涵，祖先崇拜也是中华民族共同的文化心理，是文化认同的基础。

第八章
绣缕间的千年水族史诗——水族马尾绣技艺

非遗小常识：2006 年 5 月，贵州三都水族自治县申报的水族马尾绣经国务院批准列入第一批国家级非物质文化遗产名录，编号为 VII-23。2018 年 5 月 15 日，水族马尾绣入选第一批国家传统工艺振兴目录。

马尾鬃毛竟能刺绣？这就是水族的神秘技艺。

在贵州的深山里，藏着一个神奇的民族——水族。他们有一种令人惊叹的技艺，能让马尾鬃毛变成精美绝伦的刺绣。这可不是魔法，而是水族人民代代相传的智慧结晶。今天，就让我们一起走进水族的世界，揭开马尾绣的神秘面纱。

贵州三都水族自治县，自古以来就有养马赛马的习俗，马是人们生活中的好帮手，它们既能在崎岖的山路上奔跑、驮货，也是赛场上的勇士。而聪明的水族妇女发现，马尾鬃毛有着独特的魅力。这些鬃毛柔韧顺滑，兼具弹性和强度，不容易断，还富含油脂。于是，她们灵机一动，取 3~4 根马尾鬃毛作芯，再用洁白的棉线像给小辫子缠发带一样，密密实实地缠绕在上面，一根特别的绣线就诞生啦。因为它有了一定的硬度，所以可以用来盘绣。就这样，马尾鬃毛完成了它的华丽变身，成为水族马尾绣的主角。马尾绣从绣线的制作到刺绣完成，形成完整工艺链条，具有地域特色和民族特色，所以在 2006 年，这一神奇的工艺被列入了国家级非物质文化遗产名录。

你是否想更深入地了解水族马尾绣这一神奇的技艺呢？那么，就跟随我从水族和马尾绣的历史出发，见证马尾鬃毛的神奇变身之旅。你将探寻水族的艺术宝库，欣赏指尖上的舞蹈，最终体会到民族文化交融之美。

马尾绣背带
中南民族大学民族学博物馆藏品

水族马尾绣背带
贵州省三都水族自治县

马尾绣背带中的太阳纹、蝙蝠纹

马尾为魂，丝线为脉

水族马尾绣背带就像是一个装满故事的艺术宝藏，汇聚了各种令人惊叹的刺绣工艺。其中，马尾绣工艺无疑是最耀眼的那颗明珠。虽然没人知道它到底是从什么时候开始的，但它就像一部无字的史书，代代相传，见证了水族的历史变迁，被人们称为民族刺绣中的“活化石”。背带上除了马尾绣，还有辫绣、钉绣、平绣等工艺，正是各种工艺的交织，才让背带变得美轮美奂。制作这个背带也不容易，要经过整整 52 道工序，水族妇女们就像精心雕琢一件稀世珍宝一样，花费大约一年的时间才能组装完成。所以，它当之无愧地被称为水族刺绣中的“绝品”。背带的形状就像一个大写字母“T”，分为上、中、下三个部分。上半部叫“背扇肩”，上面绣着五个方形图案，有水字“寿”纹，寓意着长寿；书简纹，仿佛在诉说着知识的力量；树纹，充满生机与活力；还有石榴花纹，象征着多子多福。这些方格图案就像山区梯田的缩小版，是水族人民稻作农耕文化的生动体现。背带中部是由十五块马尾绣绣片组成的，中间的图案是一只大蝴蝶，这个蝴蝶纹是由九块小绣片像拼图一样组合而成的，大家称它为“八瓣金莲”

或者“九子”。蝴蝶纹的四周还有四个长方形和两个变形梯形，紧紧围绕着蝴蝶，共同组成了一个独特的六边形。背带下半部是黑色的底，上面绣着各种各样神秘的纹样，有太阳纹、鸟纹、葫芦纹、蝙蝠纹、书简纹、石榴纹等，这些图案对称分布，就像镜子里的影像一样，用鲜艳的红色、纯洁的白色和清新的浅绿勾勒，色彩搭配美极了，让人移不开眼睛。

马尾绣背带中的蝴蝶纹

这美丽的水族背带到底有什么用呢？原来，它是水族妇女背婴幼儿的得力助手。水族人民大多生活在贵州的山区，上山下山都得靠自己的双脚。当孩子刚满月时，离不开母亲的怀抱，于是，水族妇女就会拿出背带，将婴幼儿稳稳地背在身上。这样，母亲就可以一边劳作，一边照顾孩子。这种背带不是水族独有的，南方山区的很多地方都能看到它的身影，它是南方妇女智慧的结晶。虽然不同民族、不同地区的背带风格各异，有的色彩鲜艳，有的古朴典雅，但它们都有一个共同点，那就是大多数纹饰都融合了美好的寓意，工艺上也融合了汉族和周边少数民族的特点，就像一场多元文化的大聚会。

马尾绣背带中的鸟纹

探寻马尾绣的起源

水族的故事要从遥远的中原大地说起。很久以前，水族的祖先生活在中原，后来经历了两次重大的迁徙。大约在殷商亡国后，水族进行了第一次迁徙，水族先民“睢”（或称人睢）从中原出发，一路向南迁徙，逐渐融入了百越族群，在那里安居乐业，繁衍生息。公元前 2 世纪，进行了第二次迁徙，这次是从南往北，他们来到了今黔桂交界地带，经过漫长的发展，到唐代时，水族逐步发展成为单一民族。这两次迁徙如同纽带，促进了水族与周边民族的交融。从唐朝开始，中央王朝在水族地区设置应州、抚水州等行政区，水族受到了中央王朝的关注。到了明朝，来来往往的商旅让中原汉族和水族文化之间的交流更加频繁。水族与周边的汉族、苗族、瑶族等民族交错居住在一起，互相成为邻居。所以，水族马尾绣背带融合了周边少数民族的文化元素，同时也保留了一部分中原汉族的特征，这些在背带上体现得淋漓尽致。

马尾毛

在漫长的迁徙中，马匹不仅是重要的交通工具，其鬃毛更解决了针线匮乏的难题，聪明的水族妇女发现马尾质地坚韧可以代替棉线缝制衣服，马尾编织成的材料耐磨、耐湿还不容易折断，因此在经过反复实践和总结之后，马尾线逐渐成了水族妇女缝制衣物的主要材料之一，马尾绣技艺也一直流传下来，所以马尾绣被称为水族文化的“活化石”。

染布

马尾绣的工具与原料

正所谓“巧妇难为无米之炊”，每一件精美的刺绣作品都离不开针、线及布料等基本材料和工具，马尾绣也不例外。在制作马尾绣时，绣娘们会使用一些特定的材料、工具来帮助她们完成刺绣。这些原料和工具为刺绣工艺提供了基础支持，使得刺绣艺术能够精细且多样化地呈现。绣布就像是刺绣的舞台，是整个作品的基础。绣线在布料上的穿刺，将花纹、图案固定在上面，这样马尾绣作品才能展示在大家面前，并且被传承下去。作为马尾绣的物质依托之一的布料，其质量的高低会直接影响刺绣作品的优劣。水族的马尾绣布料有两种：一种是自己用天然植物染制的土布，因此部分布料的颜色比较单一，颜色质朴自然；另一种是现代机械化生产的布料。水族的土布是马尾绣的传统面料，至今仍被许多老一辈水族人民使用。底料发挥着支撑马尾绣作品的作用，在水族被称为布壳。它的制作过程很有趣，需要先用糯米制作糨糊，像涂抹奶油一样用刷子均匀地刷在底料上，然后把布晒干，裁剪成想要的形状，再反贴在表布上，再次晾干定型。在这个过程中，要像捏面团一样不断挤压面料，保证表面没有鼓包和气泡，这样才能做出完美的布壳，为马尾绣打下良好的基础。

绣线是刺绣图案的基本元素，不同材质和颜色的绣线能让图案变得栩栩如生，使得刺绣作品大放异彩。水族多居住在山区，那里就像一个天然的宝库，为印染提供了充足材料。传统绣线是手工自制的，需要采集植物的根、茎、叶、皮和种子。染制丝线时，要将采集的材料清洗干净，捣碎加水，然后把染物放入其中浸泡或煮染，反复多次，直到染出满意的颜色。马尾绣的绣线也是用植物染制的。苗族绣线种类繁多，最常见的有棉线、麻线、羊毛线、丝线和金属线，它们各有各的用途，而马尾绣常用白色棉线、彩色丝线和马尾线。马尾线主要由马毛和白色棉线制成。以马尾丝为芯的绣线，其特点是弹性好，非常适合弧线线条图案的制作，十分富有立体感，还不容易变形。并且，马尾丝中的油脂就像一层保护膜，让丝线经久耐用。

在刺绣过程中，工具也起着重要的作用。这些工具会由于个人喜好、地区等因素的差异而有所不同。马尾绣所使用的工具也有一定的相似性，主要的刺绣工具有：绷架（多为苗绣所使用）、针、剪刀、顶针、针夹、笔等。马尾绣与众不同的是，刺绣时需要同时用两个不同型号的针同时操作，大针用来穿马尾线，小针用来穿固定马尾线的纺织线。

解锁马尾绣针法密码

马尾绣工艺非常复杂烦琐，每一个动作都要精准到位。传统的马尾绣都是水族妇女们用灵巧的双手一针一线精心绣制而成，她们严格地按照要求进行每一道工序。她们通常会三五成群地聚集在村头巷尾，手中的针线灵巧地穿梭舞动，却丝毫不妨碍她们热络地聊着家长里短。水族马尾绣制作工艺独特，按工序大概可以分为 7 个步骤。

1. 制作马尾线

这是制作马尾绣的核心部分。一般是选取 2 ～ 3 根尾毛作为内芯，然后根据刺绣图案的设计和成品想要展现的效果再加入 2 ～ 9 根马尾毛。制作过程中首先需要将白色棉线与马尾毛的一端打结，再通过反复揉搓让丝线均匀地缠绕在内芯上。

2. 绘图

是在做好的布壳上绘画出刺绣参考的图案，这些图案往往精细、复杂而呈对称性。

马尾绣纹案

马尾绣背带局部　中南民族大学民族学博物馆藏品

3. 固定框架

就是将马尾线按照要绣的图案在绣花布上盘绕，这就相当于用马尾线在布壳所绘制的图案上描边。缝合方法属于暗线缝合方法，用一根大针将马尾线穿好，再用另一根稍小的针穿上同色丝线，然后一边用马尾线在布面上镶成各种图案，一边用穿有丝线的小针专门将图案固定在布面上。

钉铜片的马尾绣

4. 填芯

马尾线镶嵌出的图案只有轮廓，填芯即按照个人的审美兴趣，用彩色丝线填补中间留白部分图案。

5. 镶边

镶边不仅有效地填补了刺绣品之间的空白，而且金色的丝线使马尾绣呈现出华丽的外观。

6. 钉铜片

水族人民普遍认为铜具有驱魔的神奇力量，在马尾绣背带中设置铜片寄托了水族人民的文化信仰。

7. 装订

水族妇女经常将马尾绣分成小块进行刺绣，以方便操作。每一块绣片完成后，需要按照设计顺序用针线装订成一个完整的马尾绣作品。

在这件马尾绣作品上可以观察到镶边和装订的细节

马尾绣在刺绣过程中一般都是纯手工绣制，一针一线都凝聚了绣娘们的心血。每一针的落脚都要求线迹整齐顺畅，针迹匀称，不歪歪扭扭。无论是哪种针法，都要求刺绣者有良好的手法和细心，以及熟悉和掌握材料。同时，还需要注意线的张力、布的平整度以及图案的整体效果，以确保最终作品的质量。

马尾绣丰富的刺绣技法不仅是一门技艺，更是一种艺术。母爱与吉祥是马尾绣永恒的主题，马尾绣的每一针每一线都饱含着水族母亲对孩子深深的爱和美好的祝愿。水族妇女每一次针脚的落下，都是一次美好的期盼和对传统技艺的执着。刺绣者以针为笔，以线为墨，将心中的山川河流、花鸟虫鱼，一针一线地刻画在布料之上，使得平凡的布料瞬间焕发出非凡的生命力，这是一首无声的诗歌，是传统技艺与我们的一种跨越时空的对话。

马尾绣的文化交融之美

相似的地理环境和生活条件往往会孕育出相似的文化表达形式，加上历史的发展，不同民族之间的文化交流日益频繁，使得马尾绣刺绣技法在追求美和创造力时与苗绣具有共同性，两种刺绣技术相互借鉴和融合。马尾绣的刺绣技法非常多样，一般采用多种多样的技法互相配合来表现不同的主题和风格，这样更有利于丰富作品的形象，增强它的内涵。主要针法有绗针、刺针、滚针、辫绣、平针绣、打籽绣、马尾绣、编织绣、拉锁子绣、松针、布贴绣、布带绣、挑花、缠针等。单一的针法无法完成一件优秀的马尾绣作品，至于使用哪几种针法，就依个人特长及喜好而定。马尾绣在刺绣技法上还有平绣、锁绣、挑花、堆绣等基本技巧。这些刺绣技法吸收了周边苗族刺绣特点，形成一种各民族共通的技艺。

同时，苗绣在发展中吸收了水族的马尾绣工艺。关岭苗族的马尾毛是精心挑选马尾中较粗的，把马尾的根部和尾梢剪掉，只保留马尾中间较匀称的部分，而且一根马尾毛只能缠绕成一段马尾线，所以关岭苗族马尾线非常细腻精致。

水族与苗族刺绣相互学习、相互借鉴，形成了你中有我、我中有你的文化交融之美，也是多元一体的具体体现。

马尾绣饰品

科普小知识

马尾绣背带上的纹样具有丰富的文化内涵。

蝴蝶纹：蝴蝶纹是背带最为突出的纹样，是各民族普遍使用的常用纹样类型。水族吸收我国传统文化中的蝴蝶纹，有消灾化吉、驱除邪恶的寓意。

葫芦纹、石榴纹：葫芦被南方很多民族认为拥有保护生命力的神力，同时寓意姻缘结合、子孙繁衍。石榴因本身籽多，因而被各民族隐喻为人丁兴旺、多子多孙的象征。水族妇女在背带上绣制的葫芦纹、石榴花果纹，体现了水族人民对儿孙满堂、多子多福，家庭生活幸福的渴望。

太阳纹：太阳纹是中华民族共同使用的题材。水族马尾绣中的太阳纹寓意有：第一个说法，太阳的光芒是桃形火焰纹围绕，中间绣的是水族桂花树；第二个说法，太阳内部是孩童的生命树，寓意生命长青、吉祥如意；第三个说法，认为此图案为铜鼓纹，将其视为万物之灵气，给人们带来五谷丰登、风调雨顺、幸福祥和的生活。

书简纹：在背带的背扇下半部位左上角的地方刺绣有书简纹，寓意长辈对幼儿饱读诗书、前程似锦的美好祝愿，书简纹也融合了汉民族的寓意。

铜钱纹：在黑底布上缀有铜钱纹。水族背带刺绣部分完成以后，最后一道工序还需要钉圆环形的小铜片。小铜片的造型由于类似于铜钱，被称为“金钱”，铜钱纹寓意铜钱的富贵，除此之外，铜片还融合了金属驱邪避害和装饰的作用。

湘西凤凰古镇的吊脚楼

第九章
隐匿山水之间的空中楼阁
——吊脚楼营造技艺

非遗小常识：吊脚楼营造技艺被列入国家级非物质文化遗产。其中，苗寨吊脚楼营造技艺于 2006 年被列入第一批国家级非物质文化遗产名录，编号为 VIII-31。土家族吊脚楼营造技艺于 2011 年被列入第三批国家级非物质文化遗产名录，编号为 VIII-211。

有这样一种架空或悬空的房子，它的一半稳稳地扎根在山坡上，另一半却像是悬在空中，只用几根木柱子撑着。这么奇特的建筑，就是真实存在于我国南方广大山区的传统民居——吊脚楼，也有人亲切地称它为“吊楼”。这种建筑历史悠久，充满了科学智慧，是科技与民族文化完美结合的杰作。

吊脚楼主要分布于湘西、鄂西、四川、贵州等西南民族地区，尤其以土家族、苗族、汉族、侗族、布依族、水族等各民族的吊脚楼最有特色。在山多平地少的山区，“住”哪里？怎么“住”，这些都是头等大事。南方山区的先祖们发挥他们的聪明才智，巧妙地利用山坡的自然倾斜，把房子的后半部分牢牢地固定在山坡上，前半部分就像是悬架在空中一样，靠着结实的木柱子支撑，这就是我们所说的“吊脚柱”。

吊脚楼的优点有哪些呢？总结起来主要有两个方面：一是架空层可以增加房屋面积，解决住房问题，把有限的平地空出来种庄稼，让当地人有房可住，有地可耕；二是防潮防瘴。南方山区雨水多，湿气大，它能有效地挡住地面的湿气往上泛，让屋里保持干爽。另外，架空层还可以充分利用，如圈养猪牛羊和堆放杂物等，简直是极具实用价值的建筑智慧。

吊脚楼的通风效果也很棒，这归功于木质材料、开放式的设计和架空的结构。在炎热的夏天，吊脚楼能让空气形成自然对流，让屋里保持凉爽。这种设计不仅夏天能避暑，冬天还能保暖。

2011 年 5 月，土家族吊脚楼营造技艺被列入国家级非物质文化遗产名录，这是对土家族先民智慧的充分认可。吊脚楼的独特设计不仅适应了当地的自然环境，而且在建造的过程中，也逐渐形成了一套独特的建造技艺。从选址、准备材料、设计结构到施工建造，每一步都有土家族人民自己的独特方式。

就让我们一起揭开建造吊脚楼的几个主要步骤的神秘面纱吧！

吊脚楼历史溯源

吊脚楼建筑起源于河姆渡时期，此时的房屋建筑是吊脚楼民居的始祖，多采用栽桩架板高于地面的干栏式建筑方法。原始社会时期，人们为了生存，刀耕火种，在树腰部位搭建生活用房，后为满足更多生活需要，利用木头在屋脚下支撑，逐渐形成吊脚楼。

春秋至战国后期，吊脚楼技术进一步发展，吊脚楼流行于百越族群地域，楚人大量迁入巴蜀地区，受楚文化影响，其建筑形态出现了“层台累榭”风格。隋唐以后，吊脚楼建筑逐渐退回到我国大西南地区。之后，吊脚楼吸收了部分汉文化后逐步完善。

由于人口繁衍和技术交流，这种适宜人居的房屋建筑形式趋于兴盛，可能曾流行于全国，并随着百越民族的播迁，流传到东南亚、日本、朝鲜等地。

随着现代化的发展，吊脚楼面临诸多挑战，如空心村现象、新建筑形式的冲击、建造匠人数量减少、传统材料价格上涨等。但近年来，随着传统村落保护意识的增强，部分吊脚楼得到了保护和修复。同时，也有一些地方在保留传统风格的基础上，对吊脚楼进行了创新和发展，使其更好地适应现代生活的需求。

吊脚楼选址的生态智慧

吊脚楼，又称干栏、阁栏、麻栏、吊楼等，是我国干栏式建筑的一种，主要分布于华南和西南地区潮湿的山区和水域，集中在苗族、壮族、布依族、侗族、水族、土家族等民族聚居地，特别是鄂西、湘西、贵州、四川等地。在各民族的传统文化中，吊脚楼的位置可不是随便拍拍脑袋就决定的，这里面大有学问，涉及很多科学问题，他们相信，一个好的房子位置能够带来好运和和谐。那么，土家族人是如何挑选吊脚楼的地点的呢？

土家族人在选择房址时，特别看重“背有靠山，前有向山”。这是在说，房子背后有座山作为靠山，远处有向山，这样的布局也象征着既有靠山，又有前景。除此之外，还有“依山傍水，负阴抱阳”之说，同时房子要建在面向阳光充足的南面，这样既能享受到阳光的温暖，又能避免烈日的直射，保持室内的凉爽。最后，土家族人还会特别注意房屋大门的朝向，如果大门的朝向不是理想的方位，就会特意调整。

这些观念看似迷信，实际上每一条都包含了天人合一、顺应自然、追求和谐与平衡的生态智慧。通过这些细致的选址步骤，他们不仅建造了与自然和谐共生，也传承了理解自然、尊重自然的传统文化，这些观念，也是中华优秀传统文化的组成部分。

建在梯田上的吊脚楼

吊脚楼与木材的不解之缘

在我国的传统建筑中，木材一直是主角，尤其是对于居住在山区的人来说，他们对木材的充分运用简直是达到登峰造极的境界。俗话说“靠山吃山，靠水吃水”，就地取材、因地制宜就是当地人的集体认知。生活在山清水秀的地方，周围满是山水和树木，树砍了可以再长、长了又可以再砍，木材成为建造房屋的首选材料。他们通常选择在冬季伐木，不仅方便砍伐和运输，还能减少虫蚁的滋生。

在建造吊脚楼时，土家族人民会精心挑选木材。他们喜欢用当地的椿树、杉木、紫树和松木等来建房子，这些木材为什么这么受土家族人民青睐呢？因为这些木材既容易获得，还各有各的优点。比如，椿树的树皮粗糙、质地坚硬，耐潮且坚韧，所以土家族人民最喜欢用椿树做大梁；杉木则是吊脚楼中用得最多的木材，因为它不仅容易干燥，不易翘裂，耐久性好，还不怕白蚁，这在虫蚁盛行的南方山区可帮大忙了，吊脚楼大部分木构件都爱用杉木；紫树木材十分坚硬，适合用来做地脚枋或楼枕枋等。

除了木材，土家族人民还会根据当地的气候和资源选择其他材料。比如，在渝东南地区，因为气候潮湿，人们会把木柱子放在础石上，防止木头腐烂和被虫蛀。

选好建筑材料后，工匠们会对它们进行精心处理，以确保材料的耐用性和稳定性。比如木料备好后，需要把它们露天放置，再经过几个月的自然雨水浸泡和风干，这样的处理方法能够最大限度地防止木材变形。

吊脚楼地基平整的智慧

当所有的建筑材料都准备就绪后，工匠们的“建房大业”才刚刚开始。首先，他们得在选好的地点平整地基，但是，平整地基也不能说干就干，得挑个黄道吉日正式开工，要不然就可能“在太岁头上动土”，犯了忌讳。

开工前，负责施工的掌墨师会点燃香烛，杀一只雄鸡祭祀土地神，这就像是给大地打个招呼，说我们要开始建房子了，这是对土地的尊重，也是祈求工程顺利的一种民俗仪式。

仪式结束后，真正的技术活儿就开始了。首先要平地基，工匠们一直用的是长约六尺的水盒子来定平，这就像是古代的水准仪。现在，他们也与时俱进，开始使用现代的水平尺，更加方便准确。

定平后会夯实土地，这是为了让地基更加稳固。接着，在土地上铺上 30 多厘米的条状青石作为地基，称之为“地丘石”或“连磉石”。这些石头的作用可不小，它们能防潮、稳定地基，而随着现代工业的进步，现在也有人用水泥来代替。

但在山区，由于地形复杂，不是所有地方都能轻易平整。当地人有他们独特的解决方案。在地势较高的部分，他们会铺设地基石；而在地势较低的部分，他们则采用“吊脚”的方式。就是用几根长木杆，一头伸到地势较低的地方，另一头保持与地势较高的地方相平齐，再在上面铺设木板建设房屋。这也是吊脚楼名字的由来。

“空中楼阁”的营造技艺

1. 木构件的诞生

首先，需要制作吊脚楼的木构件，主要的构件包括立柱、穿枋、挑、枋和梁。

立柱：这些是吊脚楼的“腿”，需要用直挺、细密、粗细一致的木材制作。其中，中柱是最高的，就像房子的“脊柱”，支撑着整个屋顶。还有将军柱，它们站在正房和厢房的交汇处，像将军一样守护着家园。伞把柱则像雨伞的柄，承托着正横两屋的梁枋。

穿枋：这些是屋架的“腰带”，从立柱中心穿过，连接着各个立柱，还承担着不落地的重任；它们从低到高依次排列，像是房子的“肋骨”。

挑：这是从屋架上的穿演变而来的构件，有“硬挑”“软挑”和“牛角挑”三种。牛角挑弯曲的形状就像牛角一样，是土家族民居的一大特色。

枋：这些是沿房屋开间方向穿插在立柱上的构件，起着联系和拉固屋架的作用。它们有不同的种类，比如大门枋、神堂枋、灯笼枋和牵枋，每个都有特定的位置和功能。

梁：尤其是主梁，是土家族人民心中的“屋之根本”。主梁用的是最好的材料，但直径不能超过立柱，这也是土家族的传统思想。

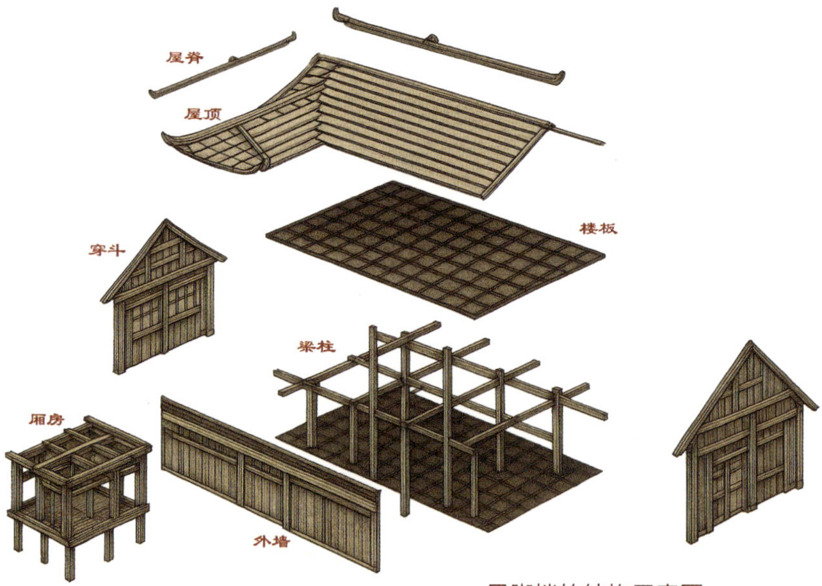

吊脚楼的结构示意图

2. 从组装到搭建

吊脚楼也是各种建筑工艺的巧妙融合，它结合了干栏式和穿斗式建筑的特点。吊脚楼的下半部分是干栏式吊脚，像是房子的“腿”，把房子架起来，上半部分则是穿斗式结构，像是房子的“骨架”，支撑着整个结构。

加工好的梁和立柱需要用到榫卯结构拼接，榫卯结构是独属于我国的神奇机关术，不用一根钉子、一滴胶水，就可以把各种木构件紧紧地结合在一起。利用榫卯结构，把这些木构件组成一排排木扇，再用斗枋像串珠子一样串起所有排扇，拼成一个房屋框架。这个过程是循序渐进的，先从堂屋开始，然后是东次间，最后再到西次间。

排扇竖立起来后，再横向安装上枋、梁等部分，这样一个吊脚楼的框架就初具雏形了。按照从上到下的顺序，依次把脚枋和楼枕枋装好。为了房子的稳定性，在安装梁、立柱等部位及连接点时，一定要大力敲打，确保每个连接都牢固可靠。

在搭建吊脚楼的时候，有一点需要格外注意，吊脚楼的上梁要在正午之前完成，这是整个吊脚楼建造中最重要的一道工序。用绳索从东到西将主梁升至屋顶，这个重要的时刻由主持修建的掌墨师傅和他们的徒弟共同完成，这是一个技术活，也是一个仪式，标志着房子的骨架正式成型。

吊脚楼的“腿”

3. 墙壁、地板、门窗的安装

吊脚楼的墙壁主要是用木板拼合起来的，因为吊脚楼的木架承担了所有的重量，墙体不承重，它们主要起遮风挡雨和保护隐私的作用。

吊脚楼的屋顶

吊脚楼屋内的火塘

4. 盖青瓦

主体结构搭建完成后，在穿斗立架上盖青瓦。

说到地板，土家族有个特别的习俗。吊脚楼的第二层，只有正房两侧的住间和厢房会铺设地板，而中间的堂屋是家族聚会的地方，需要与天地相通，地面不铺地板。堂屋的地面，通常用黄土或者三合土（由石灰、黏土、沙子混合）夯实，既坚固又接地气。

在吊脚楼的房屋中，火塘是不可或缺的设施——一家人烤火取暖、待客和团聚的地方，火塘一般是在房屋的中央或一角，挖一个大约 1 平方米、深约 30 厘米的方坑，四周用青石砌起来，坑里放一个铁制的圆形三脚架（土家人俗称“三脚”），用来生火做饭。火塘上方还有木架或竹架，用来熏制腊肉等食物，这些都是土家族的传统美食。

吊脚楼的门窗，是木雕的艺术品。它们主要以木质为主，是建筑中重点装饰的部位。门窗的形式多样，从简单的直楞窗到复杂的花窗和格扇窗，每一种都有它独特的韵味。在湘西土家族民居中，这些形式常常混合使用，展现出当地人对美的追求和对工艺的精湛掌握。

终于，完成这些工作，一座吊脚楼就大致建好了，房屋细节则会在屋主入住后逐步完善。这不仅仅是一个家，它更是工匠精神、民族文化和人民智慧的结晶，每一座吊脚楼都承载着房屋主人的故事和梦想。

吊脚楼的室内布局

能工巧匠们建房子，从来不用图纸，他们根据地形和主人家的需求，因地制宜设计出一座座别具一格的吊脚楼。这些房子各式各样，种类繁多，但不管怎么变化，它们都遵循“一明两暗三开间”的模式，而且总会有一间作为堂屋。

“一明”是指一个明亮的开间，比如堂屋或者客厅，这是主人家日常活动、接待客人的地方，所以一定要足够宽敞、亮堂。“两暗”则是两个相对较暗的开间，比如卧室或者储物间，这些房间更注重隐私和安静，所以就不需要太多的自然光线。“三开间”却不是指具体的房间，而是指整个建筑可以分成三个主要的空间，即上面的“一明”和“两暗”。这种布局既实用又符合当地的生活习惯和文化传统。

吊脚楼的形状各种各样，有“一字型”“L 型”“凹字型”“回字型”等。随着社会发展，还出现了一些更加复杂的复合形状吊脚楼。但不约而同的是，所有的房子布局都是围着堂屋展开，然后再根据需要调整，形成了土家族独特的家的模样。

小家庭的吊脚楼通常是三合院样式，不是坐西向东就是坐东向西。堂屋在中间，是迎客、办大事的地方；两边是厢房，就是睡觉休息的房间；后面是司檐，也叫拖檐。

富裕人家则盖四合院，宅子四面围起来，中间有个天井，比三合院多了一个门楼，正屋和厢房的数量也增加了。堂屋进门的地方有镂空的木刻雕花，既隔开了空间，又让人视觉上有个过渡。土家族人民还会在堂屋供奉神龛和白虎图腾像。传说土家族的祖先叫作廪君，廪君死后他的魂魄变成了白虎，世世代代保护着族人，被尊为白虎神。所以土家族人民崇拜白虎，常年供奉。

吊脚楼是山地建筑中的一颗璀璨明珠，不仅世代传承着工匠精神，也承载着各族人民的科学智慧和民族精神，是各族人民与自然和谐共处的证明。岁月如歌，每一座吊脚楼都像是一个故事，讲述着各民族的历史和文化。随着世代发展和现实客观因素，传统的吊脚楼已经成为历史文化遗产，曾经的生机勃勃变成了活态的建筑文化遗产，被我们欣赏和怀念，传统吊脚楼营造技艺即将面临失传或消失。

面对这样的挑战，保护和传承吊脚楼营造技艺变得尤为重要。我们需要行动起来，不仅要保存这些建筑的物质形态，更要传承它们所代表的技艺和文化精神。这不仅是对工艺的尊重，也是对人类文化遗产的保护。让我们共同努力，让吊脚楼再次焕发生机。通过修复、保护和创新，让这些山间的瑰宝继续讲述传统建筑的故事，让建筑智慧继续传承、发扬光大。

科普小知识

吊脚楼是我国南方少数民族的传统民居，尤其在贵州、湖南、广西等地的苗族、土家族、侗族村寨里最常见。这种房子看起来像“用脚吊在半空”，底层是悬空的木柱，上层才是住人的屋子，所以民间戏称它是“半截插在土里，半截伸在空中”。

吊脚楼通常是全木结构，不用一颗钉子，全靠榫卯拼接，抗震能力一流。屋顶铺青瓦或杉树皮，墙板缝隙能自然调节室内温度。有些吊脚楼还会在二楼延伸出“美人靠”（一种带栏杆的长椅），既能乘凉观景，又是姑娘们绣花对歌的“社交场”。

如今，像湘西凤凰古城、西江千户苗寨的吊脚楼群，不仅成了旅游名片，还被列为文化遗产。虽然新建的吊脚楼少了，但它的环保理念（依山就势、就地取材）和建筑美学，依然启发着现代设计师。

第十章 织布上的蜡韵流光——蜡染工艺

非遗小常识：苗族蜡染技艺于 2006 年 5 月 20 日经国务院批准列入第一批国家级非物质文化遗产名录。编号为 VIII-25，申报地区为贵州丹寨县。

在世界的东方，有一门古老而神奇的技艺，能让平凡的白布幻化成一幅幅绚丽多彩的画卷，这便是蜡染。蜡染，不仅仅是一种染色工艺，更是一场穿越千年的文化盛宴，它用独特的方式讲述着历史、传承着民族的智慧与情感。蜡染实际上应该叫“蜡防染”。为什么叫“蜡防染”？这是由于融化的蜡液滴在衣服上，冷却凝固之后会牢牢粘在布料上，不容易被去除，还具有一定的防水效果。蜡染就是利用这种特点，将蜡液按照事先画好的图案滴在布料上，等蜡液凝固之后放入染缸染色，待颜色固定再将蜡层去除，露出被蜡层覆盖的、未经染色的白色图案与花纹，就可以得到蓝底白花或白底蓝花的蜡染花布。

关于蜡染的起源，相传，在远古时代，一位苗族姑娘在山上采撷野花时，不小心将蜂蜡沾到了衣服上。回家后，她发现沾蜡的地方在染色时没有上色，形成了独特的花纹。这一偶然的发现，开启了蜡染的先河。从此，苗族人民便将这奇妙的技艺传承下来，经过无数代人的改进与创新，逐渐形成了如今丰富多彩的蜡染文化。虽然传说无从考证，但它却为蜡染工艺增添了一抹神秘而浪漫的色彩，让人对这古老技艺的诞生充满遐想。

蜡染服饰耐脏、耐晒、不易褪色，受到了我国各民族的广泛喜爱，距今已有上千年的历史，流传地区广泛。

在现代社会，蜡染这门古老的技艺并没有被岁月尘封，反而焕发出新的生机与活力。一方面，传统的蜡染艺人坚守着这份技艺，他们在传承古老技法的基础上，不断创新，将现代元素融入蜡染创作中，使蜡染作品更符合现代人的审美需求。另一方面，蜡染也走进了时尚界的视野。设计师们将蜡染元素巧妙地运用到服装设计、家居装饰等领域。蜡染图案的连衣裙，在时尚舞台上大放异彩，独特的纹理和色彩吸引了无数目光；蜡染风格的抱枕、窗帘，为现代家居增添了一份古朴典雅的气息。如今，蜡染不再是藏在深山里的小众技艺，而是成为一种时尚潮流，走向了世界的舞台。

蜡染，布上的诗意史书

蜡染工艺分布广泛，不少民族都在上千年的演变中发展出了具有本民族特色、代代相传的蜡染技术，例如瑶族、苗族、布依族、仡佬族等。在不同的地域，就像被赋予了不同的性格，展现出独特的魅力。在贵州，苗族的蜡染可谓独树一帜。苗族同胞们将他们的生活、信仰、传说都融入蜡染图案中。那些神秘的图腾、古老的传说故事，在蜡染布上一一呈现，成为苗族文化的生动记录。比如，苗族的蝴蝶妈妈图案，传说蝴蝶妈妈是苗族的始祖，她孕育了万物。这个图案在蜡染中经常出现，寄托着苗族人民对祖先的敬仰和对生命起源的探索。

而在云南，傣族的蜡染则充满了浓郁的热带风情。傣族生活在美丽的亚热带地区，他们的蜡染图案多以孔雀、大象、荷花等为元素，色彩更加鲜艳丰富。孔雀在傣族文化中象征着吉祥如意，用蜡染描绘出的孔雀图案，羽毛细腻逼真，仿佛随时都会展翅高飞。这些充满地域特色的蜡染作品，就像一扇扇窗户，让我们看到了不同民族丰富多彩的生活和独特的文化内涵。

黔东南苗族侗族自治州
黎平县肇兴侗寨蜡染坊

民族交融绘就的布上传奇

蜡染的起源至少可以追溯到遥远的秦汉时期。那时，华夏民族在长期的生产生活实践中，逐渐摸索出一种独特的织物染色方法。人们发现，用蜡在织物上绘制图案后染色，蜡所覆盖之处不会被染料浸染，从而形成别具一格的花纹。这一发现，如同在历史的画布上落下了第一笔，开启了蜡染工艺的先河。早期的蜡染工艺相对简单，主要用于满足日常生活的基本需求，图案也多以简单的几何图形为主。

唐宋时期，是我国历史上民族交往频繁的时期，蜡染工艺在这一过程中也实现了南北地域间的融合与创新。

在南方地区，以苗族、布依族为代表的少数民族，凭借当地丰富的植物资源，发展出独具特色的蜡染工艺。他们使用蓝靛作为主要染料，这种从植物中提取的天然色素，染出的颜色清新淡雅，与南方温润的自然环境相得益彰。苗族的蜡染图案充满了对祖先的崇拜，如蝴蝶妈妈、龙纹、凤鸟纹等图腾元素频繁出现，每一个图案都承载着一个古老的传说，诉说着民族的历史。

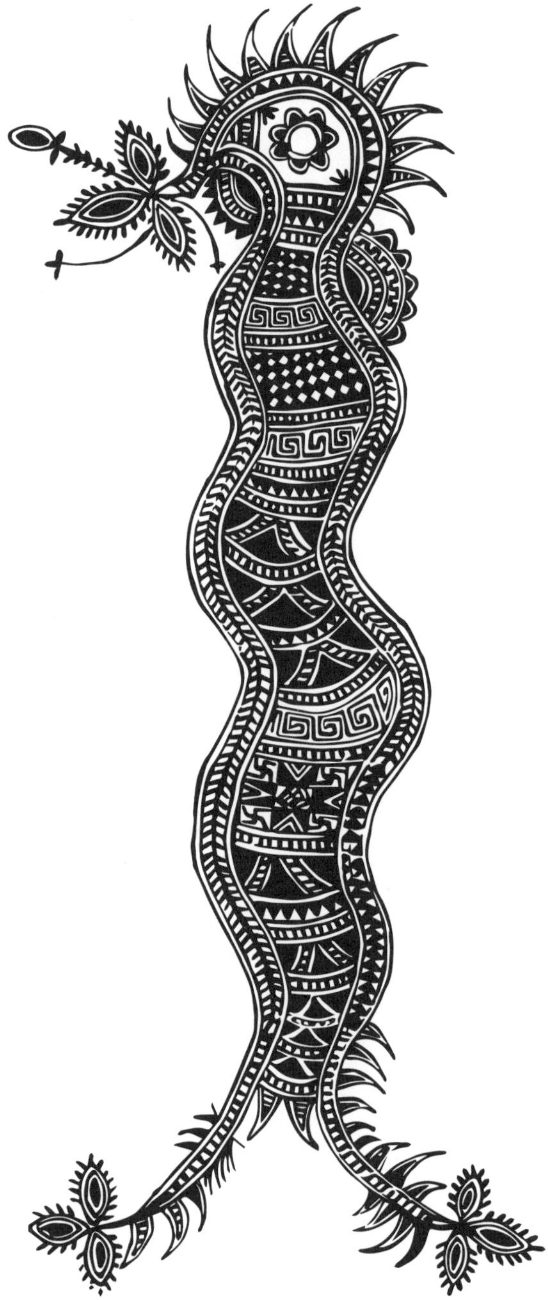

蜡染图案中的龙纹

在北方地区，蜡染工艺在保留自身特色的同时，吸收了中原文化的元素。在图案设计上，融入了更多的吉祥寓意和文化符号，如如意纹、云纹等，使蜡染作品更具文化内涵。而且，北方的蜡染在工艺上更加注重色彩的搭配和层次的表现，通过多次染色和套色工艺，使蜡染作品呈现出更加丰富的色彩效果。南北蜡染工艺在交流中相互借鉴，共同发展，形成了各具特色又相互融合的局面。

元明清时期，各民族之间的交融达到了新的高度，蜡染工艺也在这一时期呈现出多元共生的繁荣景象。

元朝时期，蒙古族与汉族及其他少数民族在文化、艺术等方面进行了广泛的交流。在蜡染工艺上，蒙古族将自己的游牧文化元素融入其中，如骏马、草原风光等图案出现在蜡染作品中，使蜡染增添了豪放粗犷的气质。同时，他们也吸收了其他民族在蜡染制作中的先进技术，改进了蜡染工具和染料配方，提高了蜡染的制作效率和质量。

在西南地区，随着汉族与少数民族之间的贸易往来和文化交流日益频繁，蜡染工艺得到了进一步的传播和发展。汉族的工匠将中原地区先进的绘画技巧和图案设计理念传授给少数民族工匠，少数民族工匠则将独特的民族风情和文化特色融入蜡染工艺中，双方相互学习，共同创造出许多精美的蜡染作品。这些作品不仅在当地深受欢迎，还通过贸易等方式传播到全国各地，成为各民族文化交流的重要载体。

制作蜡染的工具

在古代，制作蜡染作品需要使用多种工具，这些工具在不同的环节发挥着重要作用。

绘制工具

铜刀是最常用的绘制工具之一，一般由 2 ~ 4 片铜片合成，大部分的刀头呈斧形，宽约 2 厘米，长约 3 厘米，厚 0.5 ~ 1 厘米，再配以木柄。因其良好的导热性，能使蘸在上面的蜡液不易凝固，便于涂蜡工序的完成。

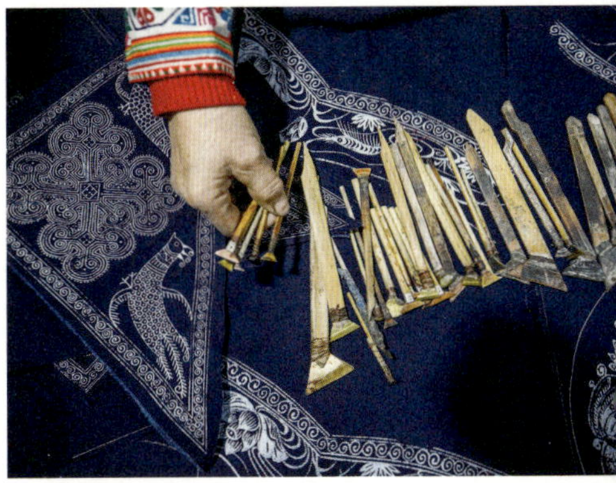

绘制蜡染的工具

熔蜡工具

包括瓷碗、盆等。瓷碗用于盛装和加热蜡液，以便蘸取使用；盆则用于盛放冷水，在绘制过程中，可将铜刀蘸冷水冷却，保持蜡液流畅。

浸染工具

染缸是浸染环节的关键工具，通常为较大的容器，用于盛放染料溶液。在苗族地区，传统的染缸多由木材或陶瓷制成，其大小和形状因制作规模和使用习惯而异。

浸染工具

辅助工具

大针、骨针用于在布料上穿孔或固定布料；谷草可用于铺垫或包裹布料，防止染色过程中布料相互粘连；此外，还需要一些工具来处理布料，如用于捶打布料的木棒等，使布料更加柔软，便于吸收染料。

蜡染的工艺流程

1. 点蜡

点蜡是蜡染最关键的一步。点蜡使用的工具是蜡刀。目前苗族所用的蜡刀大多是金属蜡刀，如铜刀、铝刀、铁刀等，也有部分地区使用竹刀、木刀。金属刀是后来普及的，在金属蜡刀普及之前，苗族点蜡多用竹制蜡刀，也有用鸡鸭的羽毛管，例如贵州从江县一带的苗族蜡染。不同地区的蜡刀形状差别较大，有扇形、弧形、斧形、半圆形、三角形等，其中最为常见的是等腰三角形形状的蜡刀。

点蜡分为两个步骤。首先是熔蜡，将蜡放入瓷碗中，再将瓷碗放在炭盆里加热保温，等待蜡熔化成液体，液体温度达到 130℃左右时，就可以开始点蜡了。

点蜡时，用蜡刀蘸取蜡液，然后在布匹上像画画一样绘制图案。点蜡虽然看起来简单，其实对技术有不低的要求。点蜡需要小心把握蜡液的温度，不能太高也不能太低。温度太高，蜡液会在布匹表面迅速流动渗透，无法凝固成一定厚度的蜡膜，导致防水效果差；温度太低，蜡液凝固过快，会在布匹表面与蜡膜之间留下空隙，防水效果同样不好。因此需要操作者熟练地掌握蜡液温度的变化，才能在布匹上绘制出样式精美、防水性好的图案，这对操作者的技术和经验都是不小的考验。在点蜡的过程中，布匹要全程保持干燥和平整，否则也会影响蜡的防水效果。

点蜡的过程

2. 染色

点蜡过后，就是染色。蓝靛染色，一般采用浸染法。染色之前，先用温水将布匹浸湿，以便上色均匀。然后将布匹放入染缸中，在染缸上放一个木板。因为靛蓝自身无法染色，需要还原成靛白染色，再在空气中氧化回靛蓝，布匹每隔两三小时就要捞出来在木板上氧化，等布匹中的水滴完之后再放进染缸浸染。苗族染色时一般两匹布一起染，第一匹布捞出晾干等待氧化时，浸染第二匹布，如此反复交替进行，大大提高了浸染的效率。

在“浸染 – 氧化”循环进行三五次后，就要把布匹放在清水里拍打，去除渣滓。每天晚上结束浸染时，还要将布匹全部捞出，然后往染缸里添加蓝靛，等待第二天继续浸染。如此浸染三四天之后，把布匹拿到河水中清洗然后晾晒，再用黄豆水给布匹上浆。上浆是为了给布匹固色，这样浸染出的颜色就会牢固持久，布匹不容易因为清洗而褪色。上浆之后再重复进行以上的染色流程，染色时间根据染色效果而定，一般来说染一匹布大约需要二十天的时间。

晾晒染好的布匹

3. 退蜡

染色完成后，就是蜡染的最后一步——退蜡。浸染完成后，蜡和布的表面都因沾有染液而有浮色，因此要先用冷水去浮色，再用热水熬煮，使蜡受热溶解脱落。脱掉的蜡被称为“老蜡”，可以再次甚至多次利用，有些地区的苗族妇女非常喜欢用老蜡进行蜡染。退蜡后，部分苗族地区还会再次上浆，让布匹更加美观；或者用豆豆柴根皮、茜草根加猫抓刺或水牛皮熬成水，用来浆布，可以使布匹呈现蓝紫色调，别具美感。如果染好的布不够平整，还可以用布碾进行碾压，这样就得到了一匹光洁平整的蜡染花布。

一方水土一方染

不同地区蜡染工艺流程大体上相同，却在工艺细节与风格上各有特色。

根据点蜡的方式，有随意发挥和按模板点蜡等。贵州麻江一带的绕家人在点蜡时往往是随性发挥，有时甚至会三五人一起点蜡，点蜡时多以花、草、虫、鸟、鱼等为主题，确定主题之后由点蜡人自由发挥。贵州黄平的革家人点蜡时一般也没有固定的图案，全凭个人的想象与喜好，每件蜡染都是独一无二，不可复制的。

而贵州榕江县一带的点蜡，会使用纸质模板，即点蜡前将事先画好图案的模板放在布上，用指甲沿着边缘刻画下印记，点蜡时按照印记上蜡，这样染出来的花纹线条流畅，动感明显。

除此之外，还有一些特殊的点蜡方式，例如贵州从江岜沙的妇女选择直接在腿上点蜡。这种点蜡方式要把木板放在腿上，再左手固定布匹，右手执蜡刀点蜡。看似简单的点蜡方式却需要高超的技术才能完成，因为这样点蜡很难控制蜡液的温度和流向，一不小心蜡液就会渗透布面，只有经验丰富的岜沙妇女才能用这种朴素的方式将蜡点得又快又好。而贵州织金的歪梳苗在脱蜡后会多一道工序——刺绣。她们会在醒目的位置用红色、黄色、绿色的丝线绣上星状小花点作为点缀。

贵州织金　蜡染与刺绣的结合

按点蜡工具不同，有金属材质、竹材质以及其他材质的工具。金属材质的蜡刀目前最为普遍，但在金属刀普及开来之前，最常见的是竹制蜡刀，各地用竹子制作的蜡刀在大小、刀口形状等方面都有所不同。而贵州从江一带的苗族人民使用的蜡刀十分具有特色。一根直径 1 毫米、长度约 20 厘米的细竹条，一支中间穿有发丝的禽类羽管（鸡／鸭羽毛管），就是他们点蜡的工具。点蜡时，画长线条时用竹条，画短线条时用羽管。

按染料不同，苗族蜡染有靛蓝染的蓝底白花和其他植物染的彩色蜡染。蓝底白花是蜡染最经典常见的款式，以蓝草为染料，在湘西、海南以及贵州等地的苗族都广泛流传。中南民族大学民族学博物馆展示的两幅蜡染工艺品就是经典的蓝底白花的样式。

海南苗族蜡染布
中南民族大学民族学博物馆藏品

湘西苗族蜡染布
中南民族大学民族学博物馆藏品

黔西苗族蜡染布

而彩色蜡染则是以其他天然植物作为染料。黔西型蜡染不仅有蓝染，还有彩色染，所有的染料都来自于天然植物。黄色染料是用黄柏树的树皮煮过的水，红色染料则来自一种名叫红刺子的当地野生小草。贵州安顺一带的蜡染也是彩色蜡染。红、黄、蓝是蜡染的主色调。红色是用红刺草或者杨梅汁，黄色是黄栀子花煮水。染完红色与黄色之后又套染靛蓝，这样一来，部分黄色变成了草绿色，部分红色变成了赭石色，各种颜色相杂，呈现出美丽的复色效果。

按染色的次数，又有一次染和二次染。一次染，顾名思义就是一次性染成，将点蜡完成的布匹放入染缸中反复浸染，颜色固定下来之后去蜡，这样一匹合格的蜡染布就完成了。一般而言，大部分苗族地区使用的都是一次染。

二次染的流传地区较少，贵州麻江县一带的苗族蜡染就是二次染。它的工艺流程是先将白布染为蓝色，然后在蓝布上点蜡画花，再浸染一次，而二次染色的地方就会呈现出更深的青色，也就是深蓝色，从而衬出布面上的浅青色花纹。黔西型蜡染也是二次染，先直接在白布上点蜡，浸染一次后盖住一部分花纹再浸染第二次，因而呈现出白色、浅蓝色与深蓝色三种色调。

蜡染技术的时代演变

苗族蜡染的花纹图案蕴含着独特的寓意，或者代表了一个古老的历史故事与民间传说。不同地区使用的工具原料，一定程度上也反映了各民族所处的地理环境。然而随着社会的发展，传统的蜡染技艺也受到了来自现代社会的冲击，逐渐出现了一些改变。

首先是原料和工具的变化。传统蜡染一般采用的是自种棉花、自纺自织、自染自浆的土布，而现在多是到市场上购买棉线自行纺织，或者直接购买成品棉布。金属蜡刀也已日渐普及，逐渐代替竹制蜡刀。传统蜡染多使用蜂蜡进行点蜡，“养蜂—采蜜—制蜡”的过程都是独立完成，一部分地区仍保留着传统的松香染或枫香染。近年来，市场上价格便宜、不易断裂的石蜡渐渐开始取代蜂蜡。不少苗族地区都选择了用石蜡代替蜂蜡，或蜂蜡与石蜡并用。

其次是染料的变化。传统蜡染的染料皆取自天然植物，随着获取更方便、色泽更鲜艳、价格更便宜的化学染料的出

现，许多植物染料也已经不再使用了。除了蓝染仍在使用靛蓝之外，现在的大多数彩色蜡染都使用了化学染料。

再次是图案与纹饰的变化。传统苗族蜡染的图案与纹饰大概有三类，植物纹饰、动物纹饰与苗族民间故事。随着苗族与外界接触逐渐增多，苗族蜡染新出现了许多汉族的吉祥纹饰，还出现了按图加工的新做法，即顾客定制花样，苗族妇女按照顾客提供的图案点蜡，蜡染的图案与花样较以前大大增加。

最后就是蜡染自身性质的改变。传统蜡染一般是用来制作苗族人民的日常服饰和生活用品，同时它也承载着苗族自身的历史文化，是苗族历史的传承载体。随着市场的发展，传统蜡染受到冲击，一度面临着失传的风险，不得不做出调整，以商品的方式走入大众视野。现在的蜡染更多地作为一种手工艺纪念品，与当地旅游业相结合，相较于传统手工蜡染，这种蜡染工艺品更多的是作为一种商品售卖。

贵州黔西县苗族女士蜡染上衣

蝴蝶图案的蜡染

蜡染是我国少数民族独具特色的传统染色工艺，是古代先民的智慧的产物，世代传承中凝聚了少数民族对美好生活的渴望。我们应让这些古老的传统手工艺在新的时代发挥自身的独特作用，从而代代相传，生生不息。

科普小知识

蜡染、绞缬（扎染）、灰缬（镂空印花）、夹缬（夹染）均为我国民间传统纺织印染手工艺，并称为我国古代四大印染技艺。四种工艺大体相同，但工艺各具特色。

蜡染的关键要素是用蜡作为防染材料，用蜡刀蘸熔蜡绘制于布后以蓝靛浸染，然后去蜡，布面就呈现出蓝底白花或白底蓝花的多种图案，同时，在浸染中，作为防染剂的蜡自然龟裂，使布面呈现特殊的“冰纹”，尤具魅力。

扎染工艺是通过纱、线、绳等工具，对织物进行扎、缝、缚、缀、夹等多种形式组合后进行染色，其目的是对织物扎结部分起到防染作用，使被扎结部分保持原色，而未被扎结部分均匀受染，从而形成深浅不均、层次丰富的色晕和皱印。区别蜡染用蜡作为防染材料，扎染是靠“扎”起来使之不能着色的一种染色方法，是我国民间传统而独特的染色工艺之一。

灰缬（镂空印花），以豆粉与石灰调制的“灰料”为防染剂，通过镂空花版刮浆漏印纹样，经靛蓝浸染后去除灰浆，形成蓝白相间的图案。具体操作是把镂空花版铺在织物上，用“抹子”把防染浆剂刮入花纹空隙漏印于织物上，晾干后浸染于靛蓝之中，浸染次数十余次，从浅到深浸染完毕晒干，然后除去防染浆粉，即显现出蓝白花纹。

夹缬（夹染），是扎染的一种特殊传统手工技艺，主要是利用织物被夹固以后，染液难以渗入的特点而产生花纹，如何准确地控制染液的渗透变化，是制作夹染的关键所在，要恰到好处的出现渗透花纹，与染色的时间、夹固的松紧、面料的吸水性、染料的上染性能和染液的温度等因素有关，这只有在实践中逐渐摸索，才能掌握染色技艺。

竹编提盒

第十一章
精益求精，编就千年的工匠精神——竹编艺术

非遗小常识：竹编技艺以不同类别和地区分批列入国家级非物质文化遗产名录，统一编号为Ⅶ-51。2006年5月，嵊州竹编作为第一批国家级非物质文化遗产被列入名录。2008年6月，东阳竹编、舒席、瑞昌竹编、梁平竹帘、渠县刘氏竹编、青神竹编、瓷胎竹编并列列入第二批国家级非物质文化遗产名录，2011年5月，益阳小郁竹艺、毛南族花竹帽编织技艺获批列入第三批国家级非物质文化遗产扩展项目名录。2014年11月，安溪竹藤编、道明竹编获批列入第四批国家级非物质文化遗产扩展项目名录。

在繁华喧嚣的现代都市中，车水马龙与高楼大厦成为了生活的主调。但当我们的目光偶然触及一件精美的竹编器物时，时间仿佛瞬间慢了下来，思绪也被拉回到那个翠竹环绕、宁静质朴的田园世界。竹编，这门古老而迷人的技艺，就像一个时光的使者，穿越千年，将历史的温度与传统的魅力带到我们面前。

初次邂逅竹编，或许是在一场民俗展览上，那一盏竹编的灯笼，造型古朴雅致，细细的竹丝紧密排列，在灯光的映照下，投下细腻而斑驳的光影，宛如一幅流动的水墨画。又或许是在某个古街的小店中，一个小巧的竹编蝈蝈笼闯入眼帘，精巧的编织工艺，不仅能让蝈蝈舒适地栖息，更像是一件精美的艺术品，让人不禁惊叹于工匠的巧思。这些看似平凡却又充满韵味的竹编作品，就像是一个个神秘的谜题，勾起我们对竹编世界的无限好奇。

竹子，这种在我国文化中寓意着坚韧、高洁与虚心的植物，与华夏文明的发展息息相关。从古代的竹简承载着先人的智慧与思想，到日常生活中的竹篮、竹篓等满足着人们的生活所需，竹子早已融入了我们的生活点滴。而竹编，正是对竹材的创造性转化，是人类智慧与自然馈赠的完美结合。想象一下，一根笔直的竹子，在工匠的手中，经过一道道工序，被削成宽窄均匀、薄如蝉翼的竹篾，再通过灵巧的双手，变魔术般地编织成形态各异、功能多样的器具，这是多么神奇的过程！

竹编，不仅仅是一门手艺，更是一种文化的传承，一种生活态度的体现。在快节奏的现代生活中，竹编以它独特的魅力，让我们停下匆忙的脚步，去感受那份来自指尖的温度，去领略传统手工艺的文化底蕴与技艺之美。接下来，就让我们一同走进竹编的世界，探寻它背后的故事与奥秘。

青竹演绎的东方匠心

竹编能让平凡的竹子“脱胎换骨”，摇身一变成为精美的艺术品。它就像一场指尖上的魔术，充满着无限的魅力与惊喜。

竹编的历史，就像一部古老的史书，翻开它，满是岁月沉淀的痕迹。早在新石器时代，充满智慧的祖先们就已经开始利用竹子，并延续数千年。

竹编在我们的日常生活中无处不在，以独特的方式装点着我们的生活。竹篮，是农村集市上的常客，人们用它装菜、装水果，质朴又实用；竹筐，用来盛放粮食、杂物，结实耐用；竹椅、竹凳，夏日里坐上去，清凉舒适，仿佛能驱散所有的暑气。这些日常竹编，不仅满足了人们的生活需求，还带着浓浓的生活气息，成为生活中不可或缺的一部分。

竹编还是精美的艺术品，走进博物馆、艺术展览，我们能看到许多让人叹为观止的竹编艺术精品。那些用细如发丝的竹篾编织而成的花鸟鱼虫、人物山水，栩栩如生，惟妙惟肖。这些艺术品，凝聚着工匠们的心血和智慧，承载着深厚的文化内涵，是竹编技艺的最高体现。

竹编，这门古老而神奇的技艺，是文化的传承者，也是艺术的创造者。它用竹子编织出了中华民族的智慧与情怀，在岁月的长河中熠熠生辉。相信在未来，竹编技艺会继续传承和发展，为我们的生活带来更多的美好与惊喜。

《白鹤鼎》东阳竹编
何福礼作

瓷胎竹编

竹编大型艺术装置

指尖竹韵，编织岁月的脉络

土家族竹编簸箕
中南民族大学民族学博物馆藏品

竹编的起源可以追溯到新石器时代。彼时，华夏大地的先民们在与自然的相处中，发现竹子这种随处可见且极具韧性的植物，经过简单加工便能成为实用的工具。他们用粗糙的石制工具将竹子劈开、削薄，编制成简单的竹篮、竹筐，用于盛放食物、采集的果实和狩猎工具等。这些早期的竹编制品虽然简陋，却开启了竹编工艺的先河，成为华夏民族适应自然、改造自然的智慧结晶。

商周时期，竹编工艺有了进一步发展。此时，青铜器的出现为竹编工具（如篾刀、刮刀等）的改进提供了条件，竹编的制作更加精细。竹子不仅用于制作日常器具，还被运用到建筑和祭祀用品中。这一时期，竹编工艺主要集中在中原地区，成为华夏民族文化的重要组成部分，为后续竹编工艺在更广泛区域的传播奠定了基础。

秦汉时期，国家大一统的局面促进了各民族之间的交流与融合，竹编工艺也在这一过程中得到了更广泛的传播。随着中原文化向周边地区的辐射，竹编技艺逐渐传入南方少数民族地区。

在南方，温暖湿润的气候适宜竹子生长，为竹编工艺的发展提供了得天独厚的条件。南方少数民族（如土家族、苗族、傣族、壮族、黎族等），凭借丰富的竹资源，发展出独具特色的竹编文化。苗族的竹编多用于制作背篓、箩筐等生产生活用具，其编织工艺独特，图案富有民族特色，常融入苗族的图腾崇拜和神话传说，如蝴蝶纹、龙纹等，每一个图案都承载着民族的记忆和情感。

唐宋时期，是我国历史上民族大融合的重要时期，竹编工艺也迎来了发展的黄金阶段。随着经济的繁荣和文化的昌盛，竹编工艺在各个领域得到了广泛应用，其制作工艺达到了前所未有的高度。这一时期，不同民族的竹编艺人之间也开始相互学习、交流技艺。他们通过共同参与竹编制作、举办竹编技艺比赛等方式，促进了竹编工艺的创新和发展。各民族的竹编工艺在相互学习中取长补短，逐渐形成了具有地域特色和民族风格的竹编流派，如四川竹编、浙江竹编、广东竹编等。

壮族竹编提篮
中南民族大学民族学博物馆藏品

元明清时期，竹编工艺在继承前代的基础上继续发展，各民族之间的融合更加深入。竹编不仅在民间广泛流传，还成为宫廷贵族喜爱的艺术品。这一时期，竹编工艺的制作更加精细，图案更加丰富多样，出现了许多传世佳作。

黎族竹编小鱼篓
中南民族大学民族学博物馆藏品

竹编工艺的历史，承载着各民族的文化记忆和情感。在未来的发展中，相信竹编工艺将继续在民族融合的道路上不断创新和发展，为传承和弘扬中华优秀传统文化做出更大的贡献。

竹编工艺使用的工具

制作竹编是一项极为考究的技艺，这背后离不开一系列专用工具的辅助。这些工具种类丰富，各自有着独特的用途，承载着匠人们的智慧，在竹编工艺的发展历程中扮演着举足轻重的角色。

刀具类

篾刀：这是竹编工艺中最核心的工具之一，形状通常为长条形，刃口锋利，刀身稍厚以保证足够的强度。其主要作用是破竹与启篾。

刮刀：刮刀刀身较宽且平，刃口呈一定弧度。它用于刮去竹篾表面的青皮和毛刺，使竹篾表面光滑平整。

锯子类

竹锯：相比普通木工锯，竹锯的锯齿更细密，锯条较窄且薄，以适应竹子纤维细密、质地坚韧的特点。竹锯能精准地按照所需尺寸进行切割，确保竹材长度和形状符合编织要求。

用锯子切割竹子

辅助工具类

木墩：多由厚实的硬木制成，形状一般为圆形或方形。

顶马：通常由木材制成，形状类似“人”字或“工”字。编织竹篮的篮身时，利用顶马将竹篾撑开固定，匠人便能有条不紊地进行编织，保证竹篮的形状和结构稳定。

钻子：一般由木质手柄和金属钻头组成，钻头形状尖锐，便于穿透竹子坚硬的表皮和内部纤维。

镊子：在处理极细的竹篾或进行精细编织时，镊子是必不可少的工具。比如，在编织竹编字画等精细作品时，镊子可将纤细如发丝的竹篾按照设计图案精准摆放，展现出细腻的线条和精美的画面。

竹篾编出万千世界

竹编工艺是一门从竹子原材料到精美竹编成品的过程，要历经多道复杂工序，每一步都凝聚着匠人的心血与巧思。

1. 选材

竹子种类繁多，特性各异，选对竹子是竹编成功的关键。比如毛竹，粗大且坚韧，适合制作大件器具；慈竹，柔韧性强，常用于编织细腻的竹篮、箩筐。在选竹时，以生长 3 ~ 5 年的竹子为佳，此时竹子材质成熟，韧性和强度兼备。选好后，于秋冬砍伐，因为此时竹子含水量低、虫害少，制成品不易变形、生虫。砍伐时要小心，避免损伤竹材，砍倒后去掉枝叶，截成合适长度搬运回工坊。

2. 去青

竹子表面有一层青皮，富含糖分和油脂，若不去除，不仅影响竹簋色泽，还易遭虫蛀、霉变。去青一般使用特制刮刀，工匠需熟练掌握力度和角度，均匀刮去青皮，留下浅黄色竹肉。刮青时要一气呵成，保证竹面平整光滑，否则会影响后续工序。

竹子去青

3. 破竹

将去青后的竹子按所需宽度和厚度劈开，破竹工具通常是锋利的砍刀或特制破竹刀。这一步需要技巧和力量，先在竹子一端砍出一个小口，然后顺着竹子纹理用力劈开。要确保竹片宽度一致，否则编织时难以操作。劈竹时需全神贯注，稍有偏差竹子就会劈裂，浪费材料。

破竹与启篾

4. 启篾

使用启篾刀把竹片进一步分成更细的竹篾，这是精细活儿，考验工匠的耐心和技术。先将竹片固定，再用启篾刀沿竹片纹理轻轻切入，均匀地将竹片分成两层或多层。启篾过程中，竹篾厚度要一致，越薄越考验技术，最薄的竹篾薄如蝉翼，能用于编织精细工艺品。

5. 分层与匀篾

启篾后竹篾厚度可能不均，需分层和匀篾。分层是将过厚竹篾再次细分，匀篾则用刮刀或匀篾器，将竹篾表面刮削平整，使其厚度、宽度均匀。这一步需工匠反复检查、调整，确保每根竹篾规格一致，为编织打下基础。

手工编织

6. 刮光

刮光使竹篾表面光滑，不仅便于编织，且能提升成品美观度。用刮刀或砂纸仔细刮磨竹篾两面，去除毛刺、糙点。刮光时力度要均匀，方向一致，避免刮伤竹篾。刮光后的竹篾手感光滑，色泽温润，尽显竹子自然之美。

7. 编织

编织是竹编核心，决定成品形状和图案。编织技法多样，如挑一压一、挑二压二、十字编、人字编、梅花编等。工匠根据设计图案和竹编用途选择技法，如编制竹篮用十字编和人字编，编竹席常用挑一压一。编织时，竹篾交错穿插，手指灵活翻动，很快竹篾就在工匠手中变成精美图案，如花鸟鱼虫、几何图形等。编织过程需高度专注，保证竹篾排列整齐、紧密，否则会影响成品质量和美观。

8. 整型与修边

编织完成后，对竹编进行整型，使其形状规整，符合设计要求。对于竹篮、竹筐等，用模具或手工按压调整；对于竹席等平面竹编，用重物压制。整型后，修剪多余竹篾，使边缘整齐光滑，避免划伤使用者，提升成品精致度。

竹编不发霉的秘密

在竹编工艺中，晾晒是确保竹篾干燥和质量的重要步骤。那么在晾晒过程中也有一些需要注意的事项。

晾晒时，需选择通风良好、阴凉干燥的地方，避免阳光直射和高温环境，因为高温和直射阳光可能导致竹篾干燥过快，容易开裂。

竹篾需要仔细小心地摆放，应将竹篾均匀地铺放在竹编或木编的架子上，确保篾片之间有足够的空间，以便空气流通。

在晾晒过程中，避免对竹篾施加重压，以免造成篾片的损伤。

定期翻动竹篾，使其各个面都能均匀干燥，这也有助于竹篾干燥得更加均匀，减少开裂的风险。

还需注意湿度控制，根据环境湿度和竹篾的干燥程度，适时调整晾晒时间，过快的干燥可能会导致竹篾开裂，而过慢的干燥则可能导致竹篾吸湿变形。在多雨季节或湿度较高的环境中要做好防潮措施，可以使用防潮布覆盖竹篾，以防止竹篾吸湿。温度的变化同样需要注意，应避免将竹篾放置在温度过低或过热的环境中，因为极端温度可能会导致竹篾变形或开裂。

晾晒完成后，还需再次检查竹篾的质量，确保没有残留的水分和损伤。通过以上注意事项，可以确保竹篾在晾晒过程中得到适当的处理，从而提高竹编产品的质量和耐用性。

晾晒竹篾

以竹为笔，传承民间艺术瑰宝

竹编，这一古老而精湛的民间工艺，承载着深厚且多元的文化内涵。它不仅是实用性与艺术性的完美融合，更是民族精神、哲学思想、审美观念以及民俗文化的生动体现，在漫长的历史长河中熠熠生辉。

竹编工艺在不同民族的传承与发展中，深深烙印下各民族独特的精神气质。竹子坚韧不拔、空心有节的自然属性，与中华民族所倡导的坚韧不屈、谦虚内敛的精神品质高度契合。无论是面对生活的艰难困苦，还是在艺术创作的道路上不断探索，竹编艺人都如同竹子一般，以顽强的毅力和坚定的信念，坚守着这门古老技艺。

在民族地区，竹编更是与民族的历史、文化紧密相连，成为民族精神的象征。例如苗族，他们的竹编工艺常常融入本民族的图腾崇拜和神话传说，通过独特的编织图案和造型，表达对祖先的敬仰、对美好生活的向往以及对民族文化的传承。这种在竹编中融入民族情感和精神内涵的做法，使得竹编不仅仅是一种工艺，更是民族凝聚力和向心力的重要体现，承载着各民族共同的文化记忆和精神追求。

竹编工艺蕴含着丰富的哲学思想，体现了我国人对自然、对世界的独特认知。“天人合一”的哲学理念贯穿于竹编制作的全过程。从选材开始，竹编艺人便尊重自然规律，顺应竹子的生长特性和材质特点进行加工。在制作过程中，注重人与竹、工具与材料之间的和谐互动，不刻意改变竹子的本质，而是通过巧妙的构思和精湛的技艺，将竹子的天然之美展现得淋漓尽致。这种对自然的敬畏和顺应，正是“天人合一”思想的生动实践。

竹编以其独特的艺术风格和审美特征，成为我国传统审美观念的重要载体。它的美，首先体现在材质之美上。竹子本身色泽淡雅、纹理自然，散发着清新质朴的气息，给人以回归自然、宁静祥和的美感。经过工匠的精心加工，竹篾的光滑质感和细腻纹理更加凸显，展现出一种天然去雕饰的质朴之美。

在造型和图案设计上，竹编注重简洁流畅、富有韵律的线条美。无论是简单实用的日常器具，还是精美复杂的艺术珍品，其造型都力求简洁大方，线条流畅自然，给人以和谐、舒适的视觉感受。同时，竹编图案丰富多样，既有具象的动植物图案，也有抽象的几何图形，这些图案通过巧妙的排列组合，形成富有节奏感和韵律感的装饰效果，体现出我国传统审美中对形式美的追求。

此外，竹编工艺还注重虚实相生、疏密得当的布局美。在编织过程中，工匠们通过对竹篾的疏密排列和虚实处理，营造出一种独特的空间感和层次感。这种布局美不仅使竹编作品更加生动有趣，还体现了我国传统艺术中“计白当黑”的审美原则，给人以无尽的遐想空间。

竹编在民间习俗和传统节日中扮演着重要角色，承载着丰富的民俗文化内涵。在许多地区，竹编器具是日常生活和祭祀活动中不可或缺的物品。例如，在春节期间，人们会用竹编制作精美的灯笼，挂在门口或庭院中，寓意着吉祥如意、团圆美满；在端午节，用竹篾编制的粽子篮，不仅用于盛装粽子，还寄托着人们对美好生活的祝福和祈愿。

在一些少数民族的传统婚礼上，竹编更是作为重要的嫁妆或聘礼出现。精美的竹编器具代表着女方家庭的手艺和心意，也象征着新人未来生活的富足和美满。此外，在民间的一些庆祝活动和仪式中，竹编还被用来制作各种道具和装饰品，如舞龙舞狮时使用的竹编龙身、狮子头，以及庙会、社火等活动中展示的竹编工艺品等，这些竹编作品不仅为节日增添了喜庆氛围，更传承了当地的民俗文化和传统记忆。

竹编工艺以其深厚的文化内涵，成为中华民族传统文化宝库中的一颗璀璨明珠。它见证了人类文明的发展历程，承载着民族的智慧与情感，是我们珍贵的文化遗产。在现代社会，我们应当珍视这门古老技艺，传承和弘扬其独特的文化价值，让竹编在新时代绽放出更加绚丽的光彩。

竹编灯笼

科普小知识

生长在山坡向阳面的竹子，由于阳光充足，竹质通常更加坚硬；而生长在潮湿、背阴的环境中的竹子，更适合编织细腻的物品；制作时通常选择生长 2 ～ 3 年的老竹，新竹含水量高，易变形和开裂，而老竹则更加稳定和坚韧，但 4 年生以上的竹子质地会变脆易断，所以选 2 ～ 3 生的竹子较佳；节间距较长的竹子更适合编织，这样可以获得更长的篾条；从外观来看，要选择外观光滑、无病虫害、无损伤的竹子，避免选择有裂纹、虫蛀或明显变形的竹子；竹子的直径同样要考虑，根据要制作的产品的尺寸和厚度要求，选择合适直径的竹子。选材直接关系到竹编产品的质量和使用寿命，因此，竹编的匠人在选材时都非常谨慎。

后 记

中南民族大学民族学博物馆馆藏万余件中东南的壮、苗、土家、黎、瑶、畲、侗、毛南等各民族生产生活用具，这些物件不仅蕴含丰富的文化内涵，其工艺特点体现各民族的非凡创造力。本书选取有代表性的南方各民族传统手工艺加以挖掘和整理，为非遗爱好者提供学习交流的素材。通俗易懂的语言、清晰的叙事框架、高清实物图片以及难得一见的博物馆藏品，一一为你娓娓道来，在饶有趣味中感受各民族的传统手工智慧和中华文化的魅力，在阅读中不仅能增强我们对传统手工艺的再认识，也悄然提升自己的人文素养和文化遗产保护意识，不自主的想要成为传统文化的保护者、传承者和弘扬者，这是编写本书的初衷。

本书的编写由作者拟定框架，并与韩晓乐博士共同合作完成本书的统稿。编写的前期阶段离不开一群可爱的文博专业学生参与，兰媛媛、陈秋杏、何蓉蓉、马静怡、莫梓茵、周艾佳、张可、赵玉香、吴梦楠、李铭涵等，她们搜集整理资料并进行初步编写，使本书初见雏形；民族学博物馆陈桂老师对初稿进行修改。本书得到湖北省科学技术协会“2024 年度湖北省科普教育基地提能项目”的资助得以顺利出版。

鸣谢

在本书的创作与成稿过程中，承蒙以下个人与机构的慷慨支持，特此致谢：

感谢彝三彩工作坊为第四章提供多件彝族漆器（包括巨型花瓶、木盔、苦木、高脚木盘等）的精品图片，极大地丰富了该章节的视觉内容。

感谢楼杰老师为第六章提供的多幅傣族陶艺作品图片，生动展现了其形态的丰富性。

感谢洪旦老师为第十章拍摄私藏的民族蜡染服饰和染布。这些珍贵的资料为章节增添了浓墨重彩的一笔。